Flo Scheimpflug

50 Skitouren in den
österreichischen Alpen

Dem Genuss auf der Spur

Zu Beginn einer Skitour spuken noch Tagesreste im Kopf herum. Die Gedanken sprinten im Zickzack hin und her. Doch der Takt des Atems beruhigt sie und das Geräusch von frischem Schnee, der unter Fellen knirscht, lässt sie innehalten. Einer nach dem anderen tritt in den Hintergrund, bald sind alle Abschweifungen verschwunden. Der Alltag mitsamt seinen Mustern und Notwendigkeiten ist wie abgestreift. Nun ist der Kopf frei. Endlich ist man »am Berg«.

Zwei Bretter, Schnee und Muße.

Mehr braucht es nicht, um eine neue Welt zu erschließen.

Ein Berg im Winter ist weit mehr als nur ein großes, schneebedecktes Objekt, auf das man hinaufgeht, um dann wieder runterzufahren. Er ist ein grenzenloser Erlebnisraum in Weiß. Wer geht, anstatt zu gondeln, gerät mit jedem Höhenmeter ein wenig tiefer in diesen Raum und den kontemplativen Zustand, der sich »am Berg« ganz automatisch einstellt. Jeder Blick, jeder Atemzug, jeder Abfahrtsschwung – fast alles fühlt sich intensiver an, wenn man es sich erarbeiten musste. Äußerlich kostet das zwar den einen oder anderen Tropfen Schweiß, doch dafür tut sich auch innerlich was. Der Weg auf den Gipfel mag mit Anstrengungen und auch mit Unannehmlichkeiten gepflastert sein, dafür fühlt man sich geduldiger, dankbarer und gelassener. Letztlich ist es genau dieser vom Alltag ein wenig entrückte Zustand, der immer mehr Menschen anzieht, sie Felle auf Skier kleben und mit diesen an den Füßen einfach losgehen lässt.

Dieses Buch ist das Protokoll einer Suche. Einer Suche nach gutem Schnee, eindrücklichen Touren und nach einem Wort, das beidem zugrunde liegt: Genuss. Wenn man nicht genießen kann, was man tut, warum sollte man es dann tun? Eine Skitour bietet ein breites Spektrum an solchen »Genussmomenten«: die alpine Atmosphäre und ihre wechselnden Stimmungen, das gemeinsame Erreichen eines Zieles, die körperliche Anstrengung und der erlösende Moment, wenn diese endlich vorbei ist. Dieses Buch möchte dem Genussspektrum, das Skitouren bereithalten, noch eine weitere Facette hinzufügen. Eine, die das Zeug hat, einen gelungenen Tag zu einem unvergesslichen zu krönen: das Einkehren danach – mit gutem Essen und an einem gemütlichen Ort, der ohne allzu großen Aufwand erreichbar ist.

50 Touren quer durch Österreich sind es geworden. Gemessen an den Tausenden Skitouren, die es auf Österreichs Bergen gibt, mag das nicht viel sein. Andererseits ist ein offenes Ende die beste Motivation, um hungrig auf neue Entdeckungen zu gehen und dem Genuss auch weiterhin auf der Spur zu bleiben.

50 Skitouren für Genießer

mittendrin
1. Schlenken
2. Trattberg
3. Großer Höllkogel
4. Hoher Kalmberg
5. Simonyhütte
6. Hochanger
7. Werfener Hütte
8. Stuhlalm
9. Schwalbenwand
10. Kolmkarspitz
11. Hahnbalzköpfl
12. Benzegg
13. Kreuzeck
14. Spirzinger
15. Schöpfing
16. Hochwurzen
17. Sonntagkarzinken
18. Schönwetter
19. Großes Bärneck

gegen Osten
20. Steinerspitz
21. Rote Wand
22. Rund ums Karleck
23. Kleiner Bösenstein
24. Kreuzkarschneid
25. Lahngangkogel
26. Großbodenspitz
27. Blaseneck
28. Gscheideggkogel
29. Zinken
30. Turntaler Kogel
31. Wildalpe
32. Heukuppe

im Westen
33. Rauber
34. Stuckkogel
35. Großer Tanzkogel
36. Rastkogel
37. Lampsenspitze
38. Pirchkogel
39. Vorderes Alpjoch
40. Fellimännle
41. Tschaggunser Mittagsspitze
42. Vergaldner Schneeberg

nach Süden
43. Sillingkopf
44. Hagener Hütte
45. Böse Nase
46. Stubeck
47. Faschaunereck
48. Toblacher Pfannhorn
49. Auerlingköpfl
50. Obergailer Berg

Dem Genuss auf der Spur
50 Skitouren für Genießer

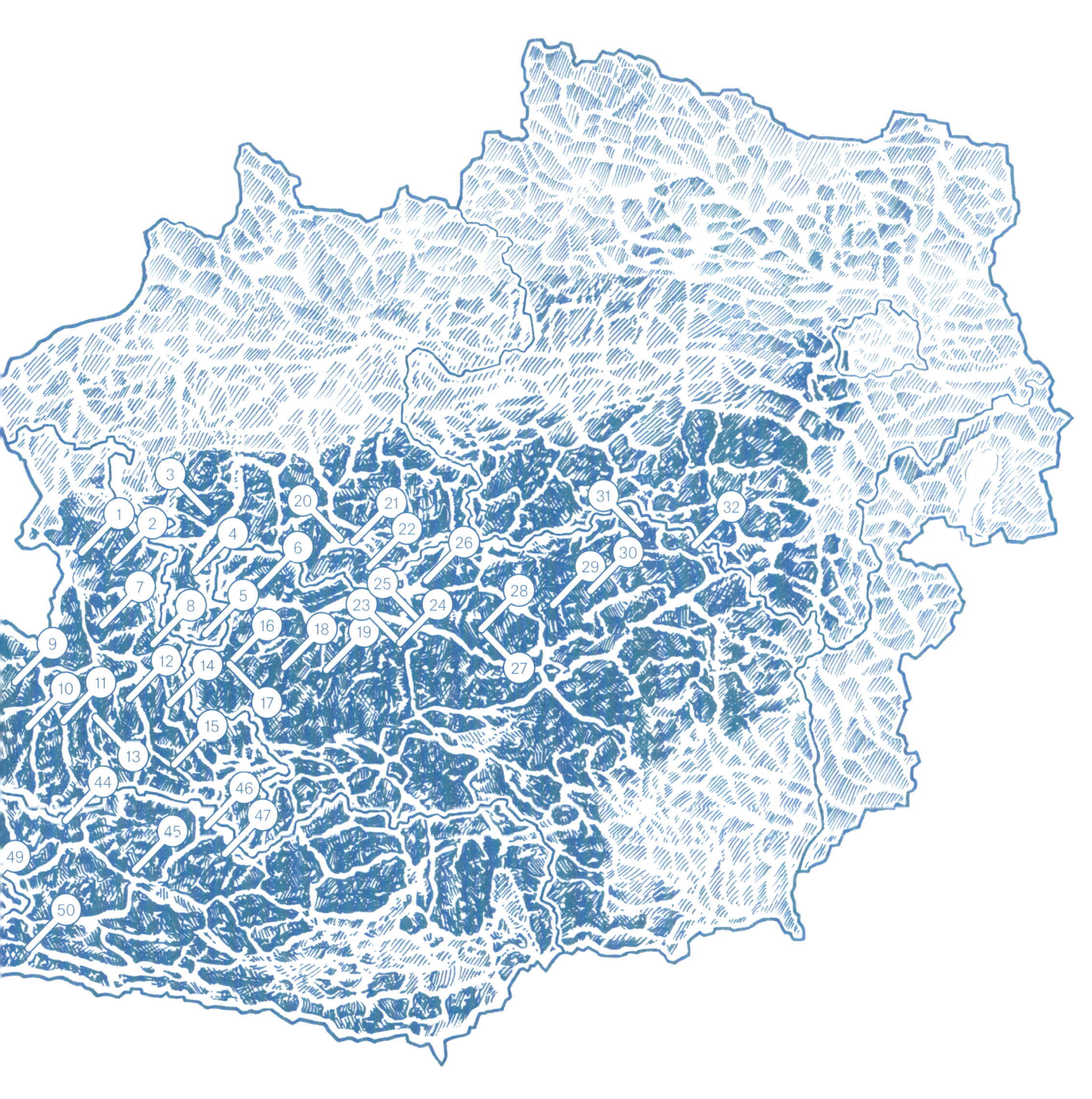

Dem Genuss auf der Spur
50 Skitouren für Genießer

Inhalt

Dem Genuss auf der Spur
Inhalt

6

Vorspann

Vorwort
→ Seite 2

Was man mithaben muss, um für (fast) alles gerüstet zu sein
→ Seite 10

Was man wissen muss, damit alles gut geht
→ Seite 12

Für den Fall der Fälle – die Notfallausrüstung
→ Seite 14

Die Kalligrafie der Aufstiegsspur
→ Seite 16

Bewertung der Touren nach Schwierigkeit und Anspruch
→ Seite 17

mittendrin

Salzburg
Schlenken
→ Seite 20

Salzburg
Trattberg
→ Seite 24

Oberösterreich
Großer Höllkogel
→ Seite 30

Oberösterreich
Hoher Kalmberg
→ Seite 36

Oberösterreich
Simonyhütte
→ Seite 40

Steiermark
Hochanger
→ Seite 50

Salzburg
Werfener Hütte
→ Seite 54

Salzburg
Stuhlalm
→ Seite 58

Salzburg
Schwalbenwand
→ Seite 64

Salzburg
Kolmkarspitz
→ Seite 68

Salzburg
Hahnbalzköpfl
→ Seite 72

Salzburg
Benzegg
→ Seite 76

Salzburg
Kreuzeck
→ Seite 80

Salzburg
Spirzinger
→ Seite 86

Salzburg
Schöpfing
→ Seite 92

Steiermark
Hochwurzen
→ Seite 96

Steiermark
Sonntagkarzinken
→ Seite 100

Steiermark
Schönwetter
→ Seite 104

Steiermark
Großes Bärneck
→ Seite 108

gegen Osten

Oberösterreich
Steinerspitz
→ Seite 114

Oberösterreich
Rote Wand
→ Seite 118

Oberösterreich
Rund ums Karleck
→ Seite 122

Steiermark
Kleiner Bösenstein
→ Seite 128

Steiermark
Kreuzkarschneid
→ Seite 132

Steiermark
Lahngangkogel
→ Seite 138

Steiermark
Großbodenspitz
→ Seite 144

Steiermark
Blaseneck
→ Seite 150

Steiermark
Gscheideggkogel
→ Seite 154

Steiermark
Zinken
→ Seite 160

Steiermark
Turntaler Kogel
→ Seite 164

Steiermark
Wildalpe
→ Seite 168

Niederösterreich / Steiermark
Heukuppe
→ Seite 172

im Westen

Tirol
Rauber
→ Seite 180

Tirol
Stuckkogel
→ Seite 184

Tirol
Großer Tanzkogel
→ Seite 188

Tirol
Rastkogel
→ Seite 192

Tirol
Lampsenspitze
→ Seite 198

Tirol
Pirchkogel
→ Seite 202

Tirol
Vorderes Alpjoch
→ Seite 206

nach Süden

Vorarlberg
Fellimännle
→ Seite 210

Vorarlberg
Tschaggunser Mittagsspitze
→ Seite 218

Vorarlberg
Vergaldner Schneeberg
→ Seite 222

Osttirol
Sillingkopf
→ Seite 230

Kärnten
Hagener Hütte
→ Seite 234

Kärnten
Böse Nase
→ Seite 240

Kärnten
Stubeck
→ Seite 246

Kärnten
Faschaunereck
→ Seite 250

Osttirol
Toblacher Pfannhorn
→ Seite 256

Osttirol
Auerlingköpfl
→ Seite 260

Kärnten
Obergailer Berg
→ Seite 264

Anhang

Über den Autor
→ Seite 269

Mitwirkende
→ Seite 269

Bildnachweis
→ Seite 270

Was man mithaben muss, um für (fast) alles gerüstet zu sein

Was in den Rucksack kommt
Rucksackpacken ist ein Kompromiss aus dem, was man unbedingt braucht und dem, was man gerade noch tragen kann. Weil ein zu schwerer Rucksack die Kraftreserven schneller schwinden lässt, ist es wichtig, nur das Notwendigste mitzunehmen. Aufs Maximum reduzieren, lautet das Motto.

Die ideale Größe eines Tagesrucksacks liegt bei 30 bis 35 Litern. Je größer der Rucksack, desto mehr verführt er dazu, überflüssige Sachen mitzunehmen.

Was man anzieht
Der größte Feind beim Skitourengehen ist Feuchtigkeit. Wer nass ist, friert schneller. Entweder kommt die Feuchtigkeit witterungsbedingt von außen oder von innen, in Form von Schweiß.

Für den Aufstieg sollte die Kleidung grundsätzlich so gewählt sein, dass man im Stehen leicht fröstelt und es beim Gehen angenehm, aber nicht heiß ist. Das »kühle Weggehen« ist eine kleine psychologische Hürde, doch spätestens nach 10 bis 15 Minuten ist der Körper auf Betriebstemperatur.

Der Wind ist auf Bergen ein ständiger Begleiter. Selbst wenn er in der Wettervorhersage nicht explizit erwähnt wird, kann man davon ausgehen, dass durch kleinräumige thermische Bewegungen in den Bergen immer ein kleines Lüftchen weht. Durch den sogenannten »Windchill« fühlt sich die vorhergesagte Temperatur dann viel niedriger an. Über den Brustbereich, den Hals und den Kopf verliert man die meiste Wärme. Eine winddichte Außenschicht, ein Halstuch und ein Stirnband sind deswegen empfehlenswert.

Folgendes sollte in jedem Skitouren-Rucksack vorhanden sein:

→ Bekleidung
→ Verpflegung
→ Notfallausrüstung (LVS, Sonde, Schaufel)
→ Erste-Hilfe-Set mit Alu-Rettungsdecke, Pflaster, Momentverband, Dreieckstuch und Tape
→ Biwaksack
→ Multitool
→ Handy
→ Anti-Stoll-Wax (im Frühjahr)
→ Stirnlampe

Kleidung bei Wind und/oder Niederschlag:

→ Hybridjacke oder Hardshell mit Ventilationsöffnungen
→ Weste mit atmungsaktiver Rückenpartie und winddichter Front
→ Skiunterwäsche
→ Skisocken
→ Skitourenhose mit Entlüftungsschlitzen
→ Langarmshirt
→ Stirnband
→ Dünne Handschuhe
→ Halstuch
→ Brille
→ Isolationsrock

Kleidung bei wenig Wind und keinem Niederschlag:

→ Skiunterwäsche
→ Skisocken
→ Skitourenhose mit Entlüftungsschlitzen
→ Langarmshirt
→ Weste mit atmungsaktiver Rückenpartie und winddichter Front
→ Stirnband
→ Dünne Handschuhe
→ Halstuch
→ Sonnenbrille

Kleidung am Gipfel und bei der Abfahrt:

Sobald man am Gipfel angekommen ist, gilt es die Wärme, die noch im Körper ist, zu konservieren. Das bedeutet: Nasse Bekleidung wechseln und alles anziehen, was man im Rucksack hat. Die Länge des Gipfelaufenthalts sollte man so wählen, dass man abfährt, bevor man ganz ausgekühlt ist.

→ Wechselshirt
→ Isolationsjacke oder Hardshell
→ Dicke Handschuhe
→ Mütze oder Helm
→ Skibrille

Was bei Pausen zu beachten ist

Der richtige Zeitpunkt
Auf einer Skitour sind Anzahl und Länge der Pausen sehr wichtig. Es macht keinen Sinn, mit dem Auffüllen der körpereigenen »Tanks« erst dann zu beginnen, wenn man schon auf Reserve dahintrottet. Trinken und essen sollte man daher bevor man ausgetrocknet und halb verhungert ist. Idealerweise in kleinen Portionen.

Der richtige Ort
Um den richtigen Platz für eine Pause zu finden, ist ein Blick ins Gelände wichtig. **Optimal** sind windgeschützte und sonnige Plätze. Hier kann ein Auskühlen vermieden werden. **Weniger gut** sind exponierte Punkte. Statt am Gipfel lieber im Lee kurz unterhalb pausieren, statt auf der Hochfläche lieber in der Senke dahinter. **Gar nicht gut** sind Rastpunkte unter Felswänden, mitten in steilen Hängen oder im potenziellen Einzugsbereich von Lawinen.

Die richtige Länge
Im Aufstieg sollten die Pausen nicht zu lange sein, da der Körper sonst vom Aktionszustand in den Ruhezustand wechselt. Nach der Pause empfiehlt es sich, eher langsam loszugehen und erst nach einiger Zeit wieder das normale Tempo zu erreichen.

Was man wissen muss, damit alles gut geht

Dos and Don'ts

Über Nacht nichts im Auto lassen
Skischuhe oder Felle nie über Nacht im Auto lassen! Wenn Innenschuh und Schale hart gefroren sind, kann das Hineinschlüpfen unmöglich werden. Der Fellkleber verliert bei tiefen Temperaturen seine Haftfähigkeit. In solchen Fällen kann die Tour enden, bevor sie begonnen hat.

Wartezeiten verkürzen
Skitouren starten früh und oft an schattigen Plätzen. Im Hochwinter sind Temperaturen jenseits von minus 15 Grad keine Seltenheit. Um unangenehme Wartezeiten zu verkürzen, sollte der Rucksack daher schon fertig gepackt im Kofferraum liegen. Die Skier werden zu Hause aufgefellt. So kann man das Losgehen beschleunigen und die Bergkameraden dankbar stimmen.

Stress am Morgen vermeiden
In der Früh muss es oft schnell gehen. Leicht kann es passieren, dass man etwas Wichtiges vergisst. Wo ist das Pieps? Habe ich meine Überziehhandschuhe eingepackt? Ist die Thermoskanne schon im Rucksack? Um sich unnötigen Stress am Morgen zu ersparen und vor allem um nichts zu vergessen, empfiehlt es sich, den Rucksack ganz entspannt am Vorabend zu packen.
Ein gutes Abendessen und ausreichend Flüssigkeit sind wichtig für eine gute Energiebasis am nächsten Tag.

Ersatzteile für alle Fälle
Irren ist menschlich, vergessen auch – selbst die routiniertesten Skitourengeher vermissen manchmal wichtige Sachen. Eine Tour ohne Stöcke oder Felle ist wenig amüsant. Ohne Harscheisen auf hartem Schnee zu spazieren, ist gefährlich. Für solche Fälle ist ein kleines Ersatzteillager im Auto hilfreich.

Tourenplanung
Wo gehe ich morgen hin? Wie lange ist die Tour? Welche Ausrichtung hat sie? Wie wird das Wetter? Wie ist die Lawinenlage? Ist es überhaupt sinnvoll, die Tour bei diesen Bedingungen zu gehen? Diese Fragen sollte man sich am Abend vor jeder Skitour stellen und sich nicht scheuen, Einwände auszusprechen. Eine etwaige Diskussion führt sich am Esstisch allemal besser als mitten im Hang.

Für den Fall der Fälle – die Notfallausrüstung

Achtung!
Das Handy stört die Frequenz des LVS und damit dessen Ortungsfähigkeiten. Nach erfolgreichem Absetzen des Notrufs sollten während der Verschüttetensuche alle Handys ausgeschaltet werden.

Lawinenverschüttetensuchgerät (LVS)

Die wichtigste Maßnahme vor einer Skitour ist der LVS-Check. Ein LVS ist wie der Gurt beim Autofahren – im Notfall die einzige Rettung. Ohne LVS kann ein Verschütteter nur mittels Sondierungskette gefunden werden. Das dauert, erfordert Erfahrung, Zeit und viele Helfer vor Ort. Vor allem die letzten zwei sind selten zu haben.

Das LVS sollte immer am Körper getragen und beim Losgehen eingeschaltet und auf Funktionstauglichkeit überprüft werden.

Handy

Ein Handy sollte auf Skitour immer dabei sein. Im Notfall ist es die einzige Möglichkeit, Hilfe von außen zu organisieren. Ein großes Problem ist die Kälte, denn sie setzt der Akkulaufzeit immens zu. Das Handy sollte man deswegen nicht im Rucksack, sondern am Körper, etwa in einer körperseitigen Innentasche tragen. Um Akku zu sparen und keine lästigen Anrufe zu bekommen, auf Flugmodus schalten.

Lawinenschaufel und Sonde

Lawinenschaufel und Sonde sind zwei immens wichtige Utensilien für die Bergung von Verschütteten. Ohne Sonde ist keine Punktortung möglich, ohne Schaufel kann ein Verschütteter, auch wenn er geortet worden ist, nicht ausgegraben werden.

Die beste Ausrüstung nützt allerdings nichts, wenn man nicht weiß, wie sie zu verwenden ist. Aus diesem Grund ist ein Lawinenkurs, bei dem man das Suchen und Bergen von Verschütteten übt, für Skitourengeher, egal welcher Könnensstufe, unverzichtbar. Das dort erworbene Wissen ist im Fall der Fälle Gold wert.

Vor jeder Saison sollte man sich auch als erfahrener Tourengeher ein paar Stunden Zeit nehmen, um das Wissen aufzufrischen, damit im Ernstfall jeder Handgriff sitzt. Meistens ist man ja mit Menschen unterwegs, die einem etwas bedeuten. Das bedeutet auch, dass man für sie verantwortlich ist. Im Ernstfall sollte man sie schnell retten können.

ABS statt LVS?

Jeder hat schon mal was vergessen, manchmal fehlt auch das LVS im Rucksack. Wenigstens hat dieser einen Airbag. Auf Tour gehen oder nicht, das ist nun die Frage.

Prinzipiell gilt: **Wer sein LVS-Gerät vergessen hat, muss im Auto bleiben.** Das klingt hart, aber wer einen LVS-losen aus reiner Freundlichkeit mitnimmt, tut weder sich noch ihm etwas Gutes, sondern riskiert unter Umständen ein Menschenleben. Entweder das eigene oder das des anderen. Wer Suchender und wer der zu Findende ist, das weiß man erst, wenn es zu spät und die Lawine abgegangen ist.

Airbags sieht man auf Skitouren immer häufiger. Im Fall eines Lawinenabganges erhöhen sie die Überlebenswahrscheinlichkeit immens. Doch ein Airbag-Rucksack ersetzt das LVS nicht. Er kann weder ein Signal senden noch eines empfangen und ist deswegen bei der Verschüttetensuche sinnlos.

Die Kalligrafie der Aufstiegsspur

Der schön geflochtene Zopf, die langen, gleichmäßigen Schwünge, der staubende Schnee – meistens sind es die Abfahrtsspuren, die man auf Fotos zur Schau trägt. Die Aufstiegsspur ist vielleicht nicht ganz so pittoresk, für einen guten Tag am Berg ist sie aber genauso wichtig.

Weil eine gut zu gehende Spur nicht nur für Sicherheit sorgt, sondern außerdem Kraft spart, wollen wir ihr hier ein paar Zeilen widmen.

Tipp
Bevor man in Zeitlupe und mit maximaler Steighilfe bergauf schwitzt, sollte man lieber ausscheren und eine alternative Spuranlage wählen.

Würde man einem Unbekannten einfach so folgen? Wohl eher nicht. Trotzdem tun viele Skitourengeher genau das. Sobald eine Spur vorhanden ist, werden Tourengeher von ihr angezogen wie der Eisenspan vom Magnet. Die »Qualität« der Spur oder die Frage, von wem sie stammt, geraten dabei oft zur Nebensache. Es könnte die ultrasteile Spur des Skimo-Weltmeisters sein oder das Spitzkehrenmassaker eines umherirrenden Anfängers: Unter dem Motto »Lieber schlecht gegangen als selbst gespurt« reihen sich viele in die Spur ihrer Vorgänger ein.

Doch der Preis dafür ist hoch und wird erst ganz oben fällig, denn der Schein der steilen Spur trügt. Die direkte Linie suggeriert zwar die schnellstmögliche Verbindung, lässt aber den dafür notwendigen Energieaufwand außer Acht. Am weitesten kommt, wer in einem moderaten Pulsbereich gleichmäßig dahingeht. Meistens ist dann auch noch Kraft übrig, um es bei der Abfahrt stauben zu lassen!

Achtung!
Speziell bei angespannter Lawinenlage ist eine flache Spuranlage auch ein wichtiger Sicherheitsfaktor, weil die Lawinengefahr in direktem Zusammenhang mit der Hangneigung steht. Eine gute Spuranlage ist Übungssache. Deswegen sollte man sie üben! Fass dir ein Herz und lege auch mal deine eigene Spur, anstatt immer ausgetretenen Pfaden zu folgen. Es gibt kein Gesetz, das das verbietet.

Merkmale einer guten Spur
→ Sie hat eine möglichst gleichmäßige Steigung.
→ Sie orientiert sich an den flachsten Stellen im Gelände.
→ Sie weicht steilen Passagen aus, so gut es geht.
→ Sie ist ausschweifender und runder.
→ Sie verzichtet auf zu viele Richtungsänderungen und macht Spitzkehren erst dann, wenn es nicht anders geht.
→ Das Gehen ist angenehm, der Puls ist gleichmäßig.

Eine flachere Spur bedeutet zwar, ein paar Meter mehr zu gehen, doch das zahlt sich aus: Das Gehen ist so am angenehmsten. Eine gute Spur ist kein Gekritzel im Hang, sondern gleicht einer Kalligrafie, die mit der Topografie des Geländes spielt.

Bewertung der Touren nach Schwierigkeit und Anspruch

Wegstrecke und Höhenmeter sind immer ein guter Anfang, um sich ein Bild von den Anforderungen einer Tour zu machen. Doch sagen diese beiden Parameter nicht alles über eine Tour aus, was man wissen sollte, und sind deshalb mit Vorsicht zu genießen. Schließlich kann eine lange und flache Tour technisch einfach sein, eine kurze und steile hingegen schwer.

Weil Bewertungen stets subjektiv sind, wird die Sache noch komplexer. In Abhängigkeit von Fitness, Erfahrung und Können ist des einen »leicht« manchmal des anderen »schwer«.

Wir haben versucht, die Sache möglichst einfach zu gestalten: Zu überwindende Höhenmeter und geschätzte Gehzeit geben bei uns einen groben Überblick, was zu erwarten ist. Den technischen und konditionellen Anforderungen haben wir jeweils mit einer Skala von 1–5 Ausdruck verliehen. Die Extreme dieser Skala werden von der leichtesten (Großer Höllkogel, Seite 30) und der schwersten Tour (Variante auf die Lobspitze, Seite 211) dieses Buches markiert. Die Gesamtanforderung ist nicht nur als Kombination zu verstehen, sondern enthält da und dort einen Hinweis auf Schwierigkeiten, die von den beiden Parametern Technik und Kondition nicht erfasst werden. Ist der Zahlenwert der Gesamtanforderung gleich hoch, sind keine weiteren Überraschungen zu erwarten. Weicht er grob ab, dann ist mit der einen oder anderen schwierigen Passage im Aufstieg und in der Abfahrt zu rechnen.

Beispiel für eine Bewertung

Kondition ●●○○○
Technik ●●○○○
Gesamt ●●○○○

Golden ist sie vielleicht nicht, die Mitte. Dafür schneereich und endlos weit.

mittendrin

Der Gipfelerfolg des Schlenkens wird mit einem majestätischen Bergpanorama belohnt, und die variantenreichen Abfahrten bieten Klassiker für Anfänger, aber auch kreativen Spielraum und Geheimtipps für Fortgeschrittene.

Schlenken ↗ 1648 m

In der Spur von Eva Walkner

Der vermeintlich unscheinbare Skitourenberg

Lage
Osterhorngruppe

Ziel
Schlenken (1648 m)

Einkehr
Halleiner Hütte (1150 m)

Anforderung im Aufstieg
540 Hm, 2 h

Kondition ●○○○○
Technik ●●○○○
Gesamt ●●○○○

Die weniger schroffen Berge der Osterhorngruppe in den nördlichen Kalkalpen liegen im Einzugsgebiet der Landeshauptstadt Salzburg und sind ein beliebtes Skitourenziel. Sie bieten den Wintersportlern gemäßigtere Skitouren und locken mit einem beeindruckenden Rundumblick auf das Salzachtal und die umliegende Berglandschaft. Der Aufstieg auf den 1648 Meter hohen Schlenken wird vom direkten Blick auf das Göllmassiv und dessen anspruchsvolle Ostwand begleitet – der Spielplatz heimischer Steilwand-Skifahrer.

Es gibt mehrere Aufstiegsmöglichkeiten, die zum höchsten Punkt führen: von Bad Vigaun kommend oder von Adnet. Beide Varianten zählen um die 500 bis 600 Höhenmeter. Somit bietet der Tennengauer Klassiker eine ideale Länge für Anfänger – aber auch fortgeschrittene Sportler schätzen den Gipfel als schnelles Ziel.

Da der Schlenken ein viel begangener Skitourenberg ist, muss man sich selten um die Wegfindung kümmern und die erste kräfteraubende Aufstiegsspur in den Tiefschnee setzen. Nicht so heute: Wir sind früh dran und das Wetter ist zu Beginn nicht sonderlich einladend. Der Schlenken bietet auch ideale Schlechtwetter-Skitouren. So setzen wir unsere eigene Aufstiegsspur in das Gelände und genießen die Stille um uns herum. Eine tief verschneite Winterlandschaft präsentiert sich uns entlang des Nordwest-Kammes, und die Vorfreude auf unser Vorhaben, die Schlenkenrinne, ist groß.

Die Aussicht auf dem Gipfel reicht vom Untersberg über den Göllstock, den Hochkönig bis hin zum Tennengebirge, und sogar der Dachstein erscheint nahe.

Wer glaubt, dass der stadtnahe Berg nichts für Freerider ist, der täuscht. Achtet man auf das Wetter und behält die Niederschlagsmengen im Auge, verwandelt sich der Schlenken zu einem kleinen, feinen Freeride-Paradies. Die Schlenkenrinne, die in den Forstweg von Formau kommend endet, ist mit ihrer rund 35-Grad-Neigung bei absolut sicheren Verhältnissen eine durchaus lohnende 280 Höhenmeter lange Abfahrt, auch für Fortgeschrittene. Es gilt natürlich immer zu erwähnen, dass man sich im freien und ungesicherten Gelände befindet. Für weniger kenntnisversierte Tourengeher bleibt immer noch die gemütlichere und sicherere Variante über den freien Gipfelhang zur Zillhütte, die nach frischem Schneefall puren Tiefschneegenuss verspricht. Wir entscheiden uns nach reiflicher Beurteilung der Lawinengefahr für die Schlenkenrinne. Es war die richtige Entscheidung – tiefer und unverspurter Pulverschnee übertrifft all unsere Erwartungen.

Wer sich am Schlenken etwas umsieht, über gute Kenntnisse hinsichtlich Lawinengefahren- und Geländebeurteilung verfügt, der wird schon beim Aufstieg über beide Varianten schnell merken, dass der unscheinbar wirkende Berg, fernab der klassischen Aufstiegs- und Abfahrtsrouten, mehr zu bieten hat. Vor allem in guten und strengen Wintern könnte der Schlenken durchaus als kleiner Geheimtipp bezeichnet werden, der kreativen Spielraum für zahlreiche Abfahrtsmöglichkeiten bietet. So werden auch Profis ihren Spaß am kleinen Hausberg haben.

Daten & Fakten zur Tour

Ausgangspunkt
Parken beim Gasthof Zillreith, bei der Halleiner Hütte oder je nach Schneelage weiter oben in der Formau.

Anfahrt
Auf der A 10 von Salzburg kommend, die Ausfahrt Hallein nehmen. Im Kreisverkehr die erste Ausfahrt nehmen und in Richtung Krispl fahren. Am Plateau kurz vor Krispl rechts abzweigen und über einen großen Parkplatz Richtung Zillreith / Halleiner Hütte.

Aufstieg
Vom Gasthof Zillreith marschiert man auf oder neben der Straße den Berg hinauf und erreicht nach kurzer Zeit die Halleiner Hütte. Kurz danach verlässt man die Straße und folgt der Starkstromleitung erst über eine Wiese, dann eine breite Schneise zur Feriensiedlung Formau.

Am Ende der Siedlung folgt man dem linken Abzweig in einen breiten, flachen Weg. Wenig später teilt sich der Weg erneut. Für die einfachere Variante bleibt man auf dem Forstweg, an der Zillhütte vorbei auf den Gipfel. Zweigt man links ab, geht es über den Jägersteig durch teilweise dichten Wald zum Nordwestgrat hinauf. Vorbei an der Jägernase führt die Route abschnittsweise ein wenig anspruchsvoller zum Gipfel.

Abfahrt
Vom Gipfel über den SW-Hang in großen Schwüngen hinunter zur Schlenkenalm. Kurz vor dem Waldrand rechts halten und auf dem Wanderweg zurück zum Parkplatz. Die Schlenkenrinne ist eine etwas spannendere Alternative, sollte allerdings nur bei absolut sicheren Bedingungen befahren werden.

Weitere Tour in der Umgebung
→ Schmittenstein (1695 m)
→ Wieserhörndl (1567 m)
→ Trattberg (1757 m)

Über das Ziel hinaus

Lage
Osterhorngruppe

Gipfel
Trattberg (1757 m)

Einkehr
Enzianhütte (1480 m)
Tauglerei (im Tal)

Anforderung im Aufstieg
700 Hm, 2,5 h

Kondition ●●○○○
Technik ●●○○○
Gesamt ●●○○○

Trattberg ↗ 1757 m

Jeder hat Geheimnisse. Aber der Trattberg? Da muss man laut auflachen. Was soll es auf der meistbesuchten Skitour im Tennengau noch zu entdecken geben? Einiges, lautet die Antwort. Wenn man da, wo alle haltmachen, einfach weitergeht, findet man auch bei viel Andrang guten Schnee.

mittendrin
Trattberg

Dem Trattberg muss man eigentlich dankbar sein, denn er ist ein äußerst gnädiger Berg. Selten hat er was dagegen, dass man ihm mit Skiern auf den Rücken steigt. Egal wie das Wetter, der Schnee und der Wind, rauf und runter kommt man dank seiner nordseitigen Forststraße, auf der im Winter früh und im Frühjahr lange der Schnee liegt, immer.

Dieser Charakterzug wird ihm mit hoher Menschenpräsenz vergolten. Schon Anfang Dezember, wenn die Schneedecke bis zur Enzianhütte kaum mehr als ein zentimeterdicker Flaum ist, werden die ersten Tourenskier im Funkenflug den Berg hochgeschliffen. An Wochenenden im Hochwinter herrscht am Parkplatz bei der Mautstraße Full House. Scheinbar jeder, der in Salzburg ein wintertaugliches Sportutensil sein Eigen nennt, ist unterwegs. E-Biker mit extradicken Reifen, Schneeschuhgeher, Rodler, Tourengeher. Generell ist es eine kunterbunte Truppe, die sich auf den Trattberg aufmacht.

Staunende Jünger

Oberhalb der Enzianhütte öffnet sich das Gelände, und die Metamorphose vom unspektakulären Forststraßenhatscher hin zur Skitour im freien Gelände vollzieht sich in Minutenschnelle. Zwei nicht unbeträchtliche Steigungen holen so manchen Oberschenkel aus der Reserve. Ganz so billig ist er also doch nicht zu haben, der »Trattes«. Auch wenn sich der eine oder andere *Local* hier im Nebel verirrt hat, ist die Orientierung oberhalb der Enzianhütte ein Kinderspiel. Die einzige Schwierigkeit liegt darin, im engmaschigen Netz der Abfahrtsspuren die stark fragmentierte Aufstiegsspur als solche zu identifizieren.

Viele Leute, viele Spuren – einen echten Trattberg-Jünger stört das alles nicht. Schließlich wartet am flachen Gipfel eine Aussicht, die immun gegen jede Abnutzung ist. Der Blick reicht vom Flachgau über den Untersberg, den Göll, das Hagen- und Tennengebirge, den Dachstein und die unberührte Osterhorngruppe. 360 Grad, die jedes Mal wieder auch hartgesottene Einheimische mit offenem Mund staunen lassen. Vor allem dann, wenn das langwellige Licht des späten Nachmittags die Westseiten rot aufglimmen lässt und ihnen am Ende des Tages Leben einhaucht.

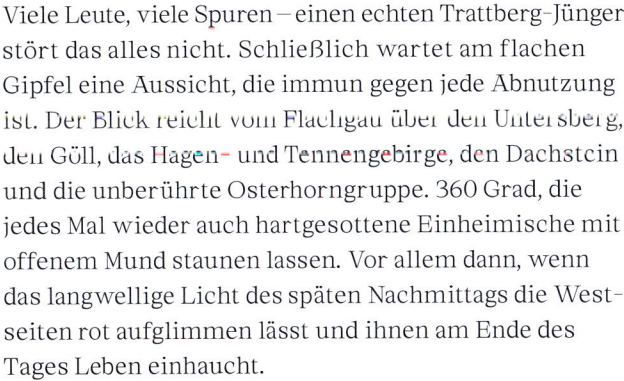

99,9 % der Gipfelstürmer lassen es hier gut sein, fellen ab und fahren durch die schwer beackerte Südseite zur Enzianhütte ab. Die meist unberührte Südseite des Nachbarn namens Frunstberg (1673 m) würdigen sie weder eines Blicks noch eines Schwungs.

Richtung Hintertrattbergalm abzufahren und sich zum Abschluss der Tour noch 300 Höhenmeter Pulver zu gönnen ist aber so naheliegend, dass man es eigentlich tun muss. Das Ganze ist natürlich eine riskante Sache:

Das ist besonders
Die Tauglerei ist mehr als »nur« ein Lokal. An diesem Kraftort wird auch Qigong, Yoga und Ayurveda »serviert«. Bei einer Portion des hervorragenden »Taugler Muas« sollte man sich das vor Ort genauer ansehen.

Am Gipfel des Frunstberg (1673 m) angekommen, lässt sich ein noch besserer Blick in die Osterhorngruppe und deren zahllose Möglichkeiten werfen. Und dann möchte man noch diesen Hang fahren und diesen und diesen …

Das Offensichtliche hinter sich lassen
Bei einer Skitour auf den Trattberg muss man die Enzianhütte (1480 m) erwähnen. Schließlich kommt man an einem Tourentag zweimal an ihr vorbei. Warum also nicht kurz stehen bleiben? Eine Brettljause in Ehren, kann niemand verwehren. Der kulinarische Geheimtipp am Trattberg ist die Enzianhütte aber nicht. Um in einen solchen Genuss zu kommen, muss man einfach dasselbe Leitmotiv beherzigen wie auf der Skitour: das Offensichtliche hinter sich lassen und ein paar Schritte weiter gehen beziehungsweise fahren:

In Sankt Koloman steht die Tauglerei. Dieses von Sara und Patrick Sellier geführte Haus ist in jeder Hinsicht ein besonderer Ort. In der Tauglerei wird nicht nur gutes Essen serviert, hier hat man eine Agenda, die tiefer geht als nur den Hunger zu stillen. Es geht um »persönliche, ökonomische und gesellschaftliche Entwicklung«.

Daten & Fakten zur Tour

Ausgangspunkt
Parkplatz vor der Mautstelle

Anfahrt
Auf der A 10-Abfahrt Hallein, weiter auf der Bundesstraße (B 159) Richtung Kuchl, an der Bahnüberführung Langwieswirt nach Kuchl Bad Vigaun, weiter nach St. Koloman, durch St. Koloman durch und in Wegscheid auf die Straße Richtung Trattberg beziehungsweise Seewaldsee abzweigen. Bei der Gabelung nach links abzweigen bis man zum Parkplatz vor der Mautstelle gelangt.

Aufstieg
Über sechs Kehren und mit geringem Höhengewinn bis zur Enzianhütte. Danach geht es beliebig über den freien, baumlosen Hang in zwei Stufen auf den Gipfel des Trattberg. Nun in nordöstlicher Richtung zur letzten baumfreien Schneise und von dort zu den Hintertrattbergalmen hinunter. Ein paar Lärchen stehen fast bis zur Kante herauf. Rund 200 Höhenmeter teilweise recht steil zu den Hintertrattbergalmen hinunter und dann in nordöstlicher Richtung auf den Frunstberg.

Abfahrt
Die Abfahrt erfolgt über die Südflanke bis zur Mautstraße und weiter bis zur Enzianhütte.

Variante
→ Frunstberg (1673 m)

mittendrin
Großer Höllkogel

Auch wenn sein Name nicht gerade danach klingen mag: Der große Höllkogel ist mit einer Höhe von 1862 Metern dem Himmel näher als jeder andere Gipfel seines Gebirgszugs.

Großer Höllkogel ↗ 1862 m

Dem Himmel so nah

Lage
Höllengebirge

Gipfel
Großer Höllkogel (1862 m)

Einkehr
Riederhütte (1765 m)

Anforderung im Aufstieg
circa 400 Hm, 2 h

Kondition ●○○○○
Technik ●○○○○
Gesamt ●○○○○

Von einem durch die Heldentat eines Gondelführers verhinderten Bombenattentat italienischer Extremisten bis hin zu dem am Dach der Seilbahnkabine turnenden Clint Eastwood – die Bergseilbahn auf den Ebenseer Feuerkogel hat in ihrer bald 100-jährigen Betriebszeit schon so einiges erlebt. Heute lassen wir uns von ihr auf 1584 Meter Höhe kutschieren, um unsere Tour auf den Großen Höllkogel (1862 m) von dort aus erst mal gemütlich anzugehen.

Der Feuerkogel bildet den östlichen Abschluss des zwischen Attersee und Traunsee verlaufenden Höllengebirges und überragt das Südufer des Traunsees. Im Frühjahr stellt die Seilbahnfahrt die letzte Möglichkeit in der Gegend dar, noch etwas guten Schnee zu genießen, während dieser im Tal schon längst grünen Wiesen gewichen ist.

Hochplateau-Wandern auf zwei Brettern

Von der Bergstation geht es los, vorbei an einigen Berggasthöfen, in Richtung Heumahdgupf. Wer hier schon abkürzen will, nimmt den direkten Weg und lässt sich vom Schlepplift auf die rundliche Kuppe ziehen. Für die kurze Zeit ab- und wieder aufzufellen lohnt sich hier aber nicht – finden wir, und queren entlang der Ostflanke. Nach ein paar Höhenmetern bergab, schreiten wir beinahe in der Ebene das Edltal entlang. So sanft sich das Gelände in rundlichen Formen und Erhebungen gen Westen schlängelt, so milde sind auch die Anstiege, die für die Tour bewältigt werden müssen. Das zieht so manchen Schneeschuhwanderer an, der in der Riederhütte nach zwei Stunden Wanderung das optimale Tourenziel findet. Für uns winkt zuerst der Gipfel des Großen Höllkogels und so biegen wir an einer beschilderten Gabelung beim Totengrabengupf nach Südwesten in Richtung Spitzalm – und Höllkogel-Gipfel – ab.

360-Grad-Panorama

Während des kurzen Gipfelsturms eröffnet sich uns der Rundumblick in die Weiten des Landes – und darüber hinaus: Vom Toten Gebirge bis in die Berchtesgadener Alpen schweift unser Blick, über die Salzkammergutseen und den Dachstein.

Ein Anblick, angesichts dessen der abschreckende Name des Gebirgszugs so gar nicht einleuchten mag: Eine Legende erzählt, wie der Teufel eine bösartige Pfarrersköchin aus Steinbach am Attersee einst in die Hölle bringen wollte. Am Weg dorthin soll er zusammen mit ihr über das weite Gebirge gesprungen sein. Ob aus heftiger Gegenwehr oder ihrem Gewicht geschuldet – die Köchin entglitt dem Teufel und stürzte geradewegs in das Gebirgsmassiv hinein. Wahrscheinlicher ist allerdings die Herkunft des Namens »Höllengebirge« von den vielen Karsthöhlen, die hier in den Felsen klaffen – doch wer kann das schon rückverfolgen.

Am Gipfel stehend lockt die Riederhütte, gut sichtbar nördlich des Höllkogels platziert. Nach einer jauchzenden Abfahrt müssen wir erst noch einmal auffellen, um auch wirklich dorthin zu gelangen. Das Flair der 1977 nach einem Brand neu errichteten Riederhütte ist urig – so wie es sich eben gehört.

Daten & Fakten zur Tour

Ausgangspunkt
Talstation Feuerkogel

Anfahrt
A1 bis Ausfahrt Regau, danach auf der B 145 bis Ebensee fahren und an der Talstation der Feuerkogel-Seilbahn parken.

Aufstieg und Abfahrt
Von der Bergstation der Feuerkogel-Seilbahn vorbei an Berggasthöfen bis zum letzten Lift. Den Osthang des Heumahdgupfs queren und auf dem Weg Nr. 820 ins Edltal. Über kupiertes Gelände weiter in Richtung Riederhütte. An einer beschilderten Gabelung beim Totengrabengupf links Richtung Spitzalm und weiter auf den Gipfel des Großen Höllkogels. Wer die Riederhütte noch mitnehmen will, fellt nach kurzer Abfahrt wieder auf und steigt in 15 Minuten zur gut sichtbaren Riederhütte auf. Abfahrt von dort aus entlang der Aufstiegsspur. Von der Feuerkogel-Bergstation bei ausreichender Schneelage über die Piste ins Tal.

Weitere Tour in der Umgebung
→ Brunnkogel (1779 m)

mittendrin
Hoher Kalmberg

Schnee ohne Ende

Lage
Salzkammergut-Berge

Gipfel
Hoher Kalmberg (1833 m)

Einkehr
Goisererhütte (1592 m)

Anforderung im Aufstieg
1080 Hm, 3 h

Hoher Kalmberg (1833 m)
Kondition ⦿⦿⦿⦿○
Technik ⦿⦿⦿○○
Gesamt ⦿⦿○○○

Goisererhütte (1592 m)
Kondition ⦿⦿○○○
Technik ⦿○○○○
Gesamt ⦿○○○○

Hoher Kalmberg ↗ 1833 m

Gibt es Zuwachs in einer Gosauer Familie, lehnt das Erkennungsmerkmal prominent an der Tür: Eine weitere Schneeschaufel führt das jüngste Familienmitglied schon früh in den Lebensstil der Talbewohner ein. Des einen Leid, des anderen Freud – davon, dass Gosau ein Schneeloch ist, profitieren vor allem begeisterte Wintersportler.

Gosau ist nicht nur sehr niederschlagsreich, sondern auch fast immer nebelfrei. Zwei Argumente, die immer wieder für den winterlichen Besuch in einem der südlichsten Täler Oberösterreichs sprechen. Hinzu kommt, dass das Salzkammergut – auch über die Gosauer Grenzen hinaus – einen Überfluss an Touren für Genießer zu bieten hat, so dass selbst den ambitioniertesten Wintersportlern die Ziele nicht so schnell ausgehen.

Vom Parkplatz in der Schlossparkstraße geht es der Beschilderung folgend hinauf zur Iglmoosalm (1206 m). Ab der Alm führt meist eine Ratracspur zur Goisererhütte (1592 m). Wer noch kann und willig ist, steigt von dort aus in einer weiteren Stunde zum Hohen Kalmberg (1833 m) auf. Ein lohnender Zusatz – das sei vorab gesagt –, denn neben dem Gipfel nimmt man gleich auch ein paar Sehenswürdigkeiten der Gegend mit.

Sightseeing im Salzkammergut
Der Weg führt oberhalb der Kalmooskirche vorbei – einer Höhle, in der Protestanten zur Zeit der Gegenreformation heimlich Gottesdienste hielten. Beeindruckend, wie vehement die Gläubigen darauf beharrten, ihren Glauben auszuleben – immerhin musste dafür ein über zweistündiger Bergmarsch bewältigt werden.

Vom Kalmooskircherl aus, erklärt der Blick zum Gipfel, warum in Zusammenhang mit dem Kalmberg oft vom »Indianer« die Rede ist. In der Formation des Gipfelfelsens ist mit verblüffender Deutlichkeit ein Gesicht zu erkennen: nicht einfach irgendeines, sondern das eines Indianerhäuptlings. Im Sommer wird dem Indianer von Zeit zu Zeit eine Schönheitskur verpasst – dann kommen örtliche Bergrettungsdienste und entfernen Gräser und loses Gestein. Und das aus rein kosmetischen Gründen – die Einheimischen sind eben stolz auf ihren Indianerkopf.

Die Goisererhütte
Wer sich den Hohen Kalmberg als Tourenziel auserkoren hat, muss der Goisererhütte davor oder danach einen Besuch abstatten, das ist sozusagen ungeschriebenes Gesetz. Mit dem Rundumblick über das Salzkammergut, den Dachstein und den markanten Gosaukamm, einer zünftigen Jausen und einem kühlen Bier lässt sich so ein Tourentag gebührend feiern. Ganz besonders auf ihre Kosten kommen auf der Goisererhütte auch alle »Freunde der Kaspressknödelkultur« – wie Wirt Max Verwagner es treffend ausdrückt.

Und das größte Schmankerl wartet ja noch: die Abfahrt entlang der Aufstiegsspur.

Kulinariktipp
Zur Hitparade zählen auf der Goisererhütte die selbstgemachten Kaspressknödel, die Himbeertorte oder der original Goiserer Apfelstrudel.

Daten & Fakten zur Tour

Ausgangspunkt
Parkplatz Schlossparkstraße (gebührenpflichtig: 7 € für 24 Stunden)

Anfahrt
Von Westen kommend auf der Tauernautobahn A 10 bis zur Ausfahrt Golling, auf der B 162 bis Abtenau. Dort auf die B 166 abzweigen in Richtung Russbach, über den Pass Gschütt bis nach Gosau.

Von Osten auf der A 1 bis zur Ausfahrt Regau, dann weiter über Gmunden auf der B 145 über Bad Ischl bis Bad Goisern. Dort auf die B 166 abzweigen und bis Gosau.

Im Gosauer Ortsteil Vordertal in die Schlossparkstraße einbiegen, 50 m weiter befindet sich der gut ausgeschilderte Parkplatz.

Aufstieg und Abfahrt
Vom Parkplatz in der Schlossparkstraße der Beschilderung folgend zuerst ein kurzes Stück entlang der Straße, bis der Wanderweg beginnt. Dem Sommerpfad folgend hinauf zur Iglmoosalm (1206 m). Von dort über die Ratracspur weiter zur Goisererhütte (1592 m). Von dort der Beschilderung folgend auf den Gipfel des Hohen Kalmbergs (1833 m). Abfahrt wie Aufstieg.

Weitere Touren in der Umgebung
→ Hornspitz (1433 m)
→ Hütteneckalm (1244 m)

»König Dachstein« macht seinem Ruf alle
Ehre – das weiß, wer die Weite seines Reiches
mit eigenen Augen gesehen und erst recht,
wer ein Stück davon zu Fuß zurückgelegt hat.

Simonyhütte ↗ 2203 m

Im Bann des Dachsteingebirges

Lage
Dachsteingebirge

Ziel
Simonyhütte (2203 m)

Anforderung im Aufstieg
612 Hm, 3 h

Kondition ◉◉○○○
Technik ◉◉○○○
Gesamt ◉◉○○○

Der Nebel im Tal nährt unsere Hoffnung auf das Durchbrechen der Wolkendecke bei der Fahrt nach oben und ein atemberaubendes Panorama bei der Ankunft an der Bergstation. Pünktlich zum Betriebsstart der Krippenstein-Seilbahn schieben wir uns in die dicht gedrängte Kabine und freuen uns auf die grenzenlose Weite, die uns am Hochplateau des Dachsteinstocks erwarten wird.

Skitour mal andersherum: erst runter, dann rauf

Unsere Felle bleiben vorerst im Rucksack verstaut. Die Skitour beginnt nicht wie üblich mit dem Aufstieg, sondern mit einer rauschenden Pistenabfahrt in Richtung Gjaidalm. Wer sich heute das erste Mal in das Reich von König Dachstein wagt, sollte sich während der Abfahrt die Zeit nehmen, die Gegend zu begutachten: Einen derart umfassenden Blick über Gelände, Wegpunkte und mögliche Routen wird es danach nicht mehr geben.

Bei der Talstation der Seilbahn 3 angekommen, sollte man sich von den auffellenden Begehern der Rumplerrunde noch nicht zum Umbau in den Aufstiegsmodus verleiten lassen. Rechts haltend ist ein kurzer Gegenanstieg zu bewältigen, ehe ein erneuter Hang bergab zum heutigen Ausgangspunkt – der Gjaidalm – führt.

Leise und auf sanften Wogen

Der Anstieg zur Simonyhütte führt durch stark kupiertes Gelände – auf über 2000 Metern Höhe über dem Meeresspiegel also ein Wellengang der besonderen Art. Stangen markieren die Route und die Orientierung in Richtung Dachstein-Gletscher fällt – wenn nicht eben gerade Neuschnee gefallen ist – nicht schwer. Wir überholen immer wieder Schneeschuhgeher, die vielleicht nicht ganz so zügig vorankommen, die Tour dank ihrer flachen An- und Abstiege jedoch mindestens ebenso genießen können. Zugegeben: Während das flache Gelände vor allem weniger fitten Tourengehern und Anfängern zum Genuss verhilft, verspricht es keine Abfahrt in Saus und Braus. Was hier zählt, ist das alpine Erlebnis, der Ausflug in eine Hochgebirgslandschaft, die anderswo nur schwer erreichbar ist. Ausbleiben tut das Abfahrtserlebnis trotzdem nicht: Zurück im Skigebiet wartet eine elf Kilometer lange Pistenabfahrt über 1500 Höhenmeter. Ortskundige Variantenfahrer wissen, wo sich der ein oder andere Pulverhang abstauben lässt.

Das ist besonders

Die Simonyhütte zählt zu den wichtigsten Ausbildungszentren der Ostalpen: für Gletscherkurse bis hin zu Bergrettungsübungen ist hier der ideale Stützpunkt.

Der Dachstein-Gletscher und sein Schicksal

Schon von Weitem entdecken wir unser heutiges Ziel, die Simonyhütte. Das Schutzhaus thront auf einer markanten Anhöhe – darunter ein über 45 Grad steiler Hang, der aufgrund seiner Steilheit und Lawinengefahr besser absoluten Könnern vorbehalten bleibt. Einige Hundert Meter oberhalb der Hütte ist der Beginn des

Dachstein-Gletschers auszumachen. Nunmehr schon seit 40 Jahren auf Rückzug, reichte das Eis Anfang der 1990er-Jahre noch bis zur Simonyhütte – ein trauriges Zeugnis des Klimawandels. Der Namensgeber der bekannten Hütte – Pharmazeut und Erdkunde-Wissenschaftler Friedrich Simony – hätte bei der ersten Winterbegehung des Dachsteins 1847 vermutlich noch nicht für möglich gehalten, wie weit sich der Gletscher – in seiner Zeit noch als ewiges Eis geltend – 200 Jahre später bereits zurückgezogen haben würde.

Doch noch ist er da und kann selbst von weniger versierten Tourengehern bewundert werden: Ganz hervorragend eignet sich dafür auch die Dachstein-Überquerung von Süden kommend – also von der anderen Richtung her. Betitelt als »Österreichs Nationalskitour« führt die dafür eigens eingerichtete Ratracspur von der Bergstation der Dachstein-Südwandbahn vorbei an der Dachsteinwarte über die Simonyhütte und die Gjaidalm bis ins Tal nach Obertraun. Die Tour verspricht damit eines der technisch einfachsten und sichersten Gletschererlebnisse der österreichischen Alpen. Und dass der Hohe Dachstein (2995 m) die 3000er-Marke um läppische fünf Meter nicht knackt, tut seiner Imposanz dabei mit Sicherheit keinen Abbruch.

Daten & Fakten zur Tour

Ausgangspunkt
Parkplatz Talstation Krippenstein

Anfahrt
Von Westen kommend über die Tauernautobahn A 10, Abfahrt bei Golling und weiter über Abtenau auf der B 166 Richtung Gosau, Hallstatt und schließlich nach Obertraun zur Talstation der Dachstein-Krippenstein-Seilbahn.

Von Osten kommend über die Westautobahn A 1 (Wien-Salzburg), Abfahrt Regau und weiter über Gmunden, Bad Ischl, Bad Goisern, Hallstatt nach Obertraun.

Aufstieg und Abfahrt
Zuerst mit der Gondel zur Bergstation Krippenstein. Abfahrt zur Talstation der Seilbahn 3. Von dort aus zur Gjaidalm abfahren und dann auf der gut ausgeschilderten Ratracspur zur Simonyhütte aufsteigen. Abfahrt entlang der Aufstiegsspur. Bei der Gjaidalm angekommen, kurzer Gegenanstieg und von dort Abfahrt über die Piste zurück zur Talstation.

Weitere Touren in der Umgebung
→ Rumplerrunde auf den Hohen Dachstein (2995 m)
→ Wiesberghaus (1884 m)
→ Dachstein-Überquerung von der Bergstation Dachstein-Hunerkogel (2700 m) nach Obertraun (2317 Hm Abfahrt bei 240 Hm Gegenanstieg)

Schönheit liegt im Auge des Betrachters. Aber wie die Schönheit eines Berges im Blick behalten, wenn man sich soeben auf seinem Rücken befindet? Besser man steigt auf den Nachbarberg, von dem aus sich die Ansicht in voller Pracht präsentiert.

Hochanger ↗ 1837 m

Den Berg der Ausseer im Visier

Lage
Totes Gebirge

Einkehr
Loserhütte (1497 m)

Anforderung im Aufstieg
1000 Hm, 3 h bis zum Gipfel
700 Hm, 2 h bis zur Loserhütte

Hochanger (1837 m)

Kondition ◉◉◯◯◯
Technik ◉◉◯◯◯
Gesamt ◉◉◉◯◯

Loserhütte (1497 m)

Kondition ◉◉◯◯◯
Technik ◉◯◯◯◯
Gesamt ◉◉◯◯◯

mittendrin
Hochanger

»Wenn ich kein Ischler wär, wär ich ein Ausseer g'worden«, sagt mein Bruder an einem Wintertag Ende Februar bei einer spontanen Vormittagsskitour auf den Hochanger (1837 m), während er hoch zum Loser (1838 m) blickt. Und das von einem Ischler, denke ich. Aber man kann ihn gut verstehen, wenn sich am Weg nach oben Kehre um Kehre ein weiterer großartiger Ausblick eröffnet und über einem dabei der Loser thront – das Wahrzeichen des Ausseerlandes mit seinem markanten und einzigartigen Profil.

Das pittoreske Ausseerland übt seit jeher eine beinahe magnetische Anziehungskraft auf die Menschen aus und kann ungeniert als »Herz von Österreich« bezeichnet werden. Nicht nur, weil Österreich hier in vielerlei Hinsicht seinen traditionellen Ursprung findet: in Bad Aussee liegt der offizielle geografische Mittelpunkt Österreichs – den Besuch des Gedenksteins kann man sich im Tourismusbüro sogar beurkunden lassen.

Los geht's über die nicht geräumte Loser-Bergstraße, auf der man nach 700 Höhenmetern die schön gelegene Loserhütte erreicht. Dort wird man nicht nur bestens verpflegt, sondern bekommt auch noch einen atemberaubenden Ausblick serviert – kein Wunder also, dass vielen der Gipfelsieg plötzlich gar nicht mehr so wichtig erscheint. Am Weg nach oben möchte man die kurzen, etwas steileren Waldstücke der Aufstiegsspur fast meiden, die den moderaten Anstieg etwas sportlicher machen und dabei die Serpentinen der Straße abschneiden, weil einem so die großartige Sicht immer wieder genommen wird. Dachstein, Trisselwand, Altausseersee, Grimming – die schönsten und bekanntesten Motive der Gegend sind hier zum Greifen nah. Wahre Landschaftsgenießer und Familien lassen sich diesen Anblick erst gar nicht nehmen und folgen während der gesamten Skiwanderung der Straße. Ab der Loserhütte kommen auch die sportlich Ambitionierteren auf ihre Kosten. Meistens hat ein Frühaufsteher schon gespurt, denn der Loser ist einfach zu schön, um ihn für sich allein zu haben. Schneidig geht es gegenüber der Hütte im freien Gelände bis zur Bergstation des L2-Sesselliftes bergauf. Dort halten wir uns unterhalb der Lawinenverbauung und der darüberstehenden Felswand Richtung Loserfenster-Sessellift, bis wir dann links hinauf zum Ziel, der Funkhütte der Ausseer Bergrettung, gleich unterhalb des Hochanger, steigen.

Bei der Abfahrt gibt es zwei Möglichkeiten: entweder runter wie aufgestiegen, die unverspurte Stelle und beste Hangneigung suchend, bis man bei der Talstation des Loserfenster-Lifts wieder auf die präparierte Skipiste kommt, oder man hält sich links Richtung Sessellift-Bergstation und macht von dort noch einen Abstecher zum Augstsee, von wo aus man dann ebenfalls wieder auf die Piste trifft. Spätestens dann empfiehlt sich der Einkehrschwung auf die Sonnenterrasse der Loseralm – die Cremeschnitten sind nicht ohne Grund so berühmt. Und sollte man ihnen wirklich widerstehen können, lädt zumindest der Ausblick garantiert zum Wiederkommen ein.

Daten & Fakten zur Tour

Ausgangspunkt
Parkplatz der Loser- bzw. Sandlinglifte (8 Euro Gebühr)

Anfahrt
Über die B 145 bis Bad Aussee und Altaussee fahren

Aufstieg
Über die nicht geräumte Loser-Bergstraße bis zur Loserhütte oder entlang der ausgezeichneten Tourengeher-Aufstiegsroute, die die Serpentinen der Bergstraße durch den Wald abkürzt. Hinter der Loserhütte im freien Gelände weiter bis zur Bergstation des L2-Sesselliftes, dann unterhalb der Lawinenverbauung in Richtung Loserfenster-Lift und links haltend zur Funkhütte der Altausseer Bergrettung (Zielpunkt).

Abfahrt
Abfahrt wie Aufstieg, oder man hält sich links Richtung Sessellift-Bergstation und macht von dort noch einen Abstecher zum Augstsee, wo man dann ebenfalls wieder auf die Piste trifft.

Weitere Touren in der Umgebung
→ Bräuningzinken (1899 m)
→ Greimuth (1871 m)

mittendrin
Hochanger

Ewige Fahrten zum Talschluss, kilometerlange Forststraßenhatscher, nicht enden wollende Gipfelgrate – manche Touren muss man sich so richtig erarbeiten. Bei jener auf die Werfener Hütte ist genau das Gegenteil der Fall. Hier kann man fast mitten im Ort starten und bekommt trotzdem alles, was eine Skitour unvergesslich gut macht.

Werfener Hütte ↗ 1967 m

Spannend bis zum Schluss

Lage
Tennengebirge

Ziel
Werfener Hütte (1967 m)

Einkehr
Almstüberl zan Hascht

Anforderung im Aufstieg
1000 Hm, 3 h

Kondition ●●○○○
Technik ●●●○○
Gesamt ●●○○○

»Und, wo gehts da rauf?« Wenn man im Werfenwenger Ortsteil Hinterfromm die Skier anschnallt und den Blick taleinwärts richtet, muss man guten Mutes sein, um keine weichen Knie zu bekommen. Das sich vor einem aufbäumende Bollwerk der Wengerau – Wermutschneid (2294 m), Teufelskirchl (2218 m) und Eiskogel (2231 m) – sieht nicht so aus, als hätte es etwas für bunt gekleidete Gestalten übrig, die hier auf die Schnelle ein paar Spuren in den Schnee legen wollen. Außer diese sind ausgewiesene Steilwandfahrer, die an Abfahrten um die 50 Grad gewohnt sind.

Einige Hundert Meter später, weit hinten in der Wengerau, beginnt sich die Sache schon angenehmer anzufühlen. Schnell merkt man, dass die riesigen Gemäuer, die einem mitten ins Gesicht ragen, keine Hindernisse sind, die man auf dem Weg nach oben überwinden, oder durch deren verzweigtes Labyrinth man sich durchlavieren muss. Am Weg zur Werfener Hütte bleiben sie beeindruckende Kulissen. Zu nahe sollte man den leuchtenden Südseiten von Wermutschneid und Werfener Hochthron aufgrund der Lawinen, die sich aus den Flanken darunter lösen können, aber nicht kommen. Für den Aufstieg wählt man deswegen die nördliche Bachseite.

Die Spitzkehre als Einkehrschwung

Das Ziel der Tour, die Werfener Hütte, glänzt die längste Zeit durch Abwesenheit. Vogelnestartig verborgen klebt sie am Fuße des steil aufragenden Werfener Hochthrons (2362 m). In den Blick gerät sie erst auf den letzten 300 Höhenmetern und genau diese Meter sind es, um die es geht. Ab der Ellmaualm (1533 m), dem sogenannten Tanzboden, legt die Tour sukzessive an Steilheit zu. Jetzt gilt es, einen Gang höher zu schalten.

Im Bereich des Gipfelhangs geht ohne exquisite Spitzkehren-Skills nicht mehr viel. Wenn die Sonne die Schneedecke im Frühjahr bereits zu einem kümmerlichen Schneetüchlein dezimiert hat, muss man sich zusätzlich noch durch die sich emporreckenden Latschen kämpfen. Das kann durchaus herausfordernd sein.

Wenn der Schweiß in Bächen fließt und die Flüche sich unkontrolliert den Weg bahnen, sollte man sich zwei Dinge vor Augen halten. Erstens, dass es kein besseres Gleichgewichtstraining auf Skiern gibt als dieses, und zweitens, dass der Apfelstrudel auf der Hütte besser schmecken wird als jeder andere vor ihm.

Spannend bleibt es übrigens bis zum Schluss, denn die Steilheit lässt bis oben hin nicht nach. Deswegen ist die allerletzte Spitzkehre auch

Kulinariktipp

Das legendäre Bauernbratl oder das Ripperl vom Holzofen mit Semmelknödel darf man im Almstüberl keinesfalls an sich vorüberziehen lassen. Das deliziöse Mahl am besten mit einem der hausgemachten Strudel ausklingen lassen. Ein Schnapserl hinterher und dann glücklich den Heimweg antreten.

gleichzeitig der Einkehrschwung! Wenn man an der sonnengewärmten Außenwand der Werfener Hütte lehnt und den Blick von links nach rechts schweifen lässt, spürt man gleich, dass es eine gute Idee war, hier hinaufzusteigen. Viele Gipfel, die sich in diesem opulenten Panorama präsentieren, können außer mit der Peak-App kaum identifiziert werden. Den Hochkönig, den Glockner, das Wiesbachhorn und die Hochalmspitze erkennt man aber auch ohne aufs Handy zu schauen.

Almstüberl zan Hascht

Wenn es etwas gibt, das gegen eine Einkehr auf der Werfener Hütte spricht, dann ist es das Almstüberl zan Hascht. Um in den Genuss dieses gastronomischen Kleinods zu kommen, muss man zwar ein paar Kilometer Autofahrt nach Pfarrwerfen in Kauf nehmen, aber der klitzekleine Aufwand lohnt sich. Das Almstüberl ist einfach ein spezieller Ort. Das Ambiente ist urig, ohne gekünstelt zu sein, und die Wirtsleute Annemarie und Gerhard Müller sind um das leibliche Wohl der Gäste so hingebungsvoll bemüht, dass man hier ewig »picken bleiben« könnte. Die Auswahl, der aus lokalen Zutaten bereiteten Speisen lässt leere Tourengehermägen frohlocken.

Daten & Fakten zur Tour

Ausgangspunkt
Kostenpflichtiger Wanderparkplatz in der Wengerau

Anfahrt
Von der Tauernautobahn A10 Ausfahrt Werfen abfahren und dann Richtung Werfenweng. Im Ort am Hotel Travel Charme links in den Talschluss der Wengerau abzweigen bis man den großen, kostenpflichtigen Wanderparkplatz erreicht.

Aufstieg und Abfahrt
Vom Parkplatz flach über den Fahrweg Nummer 32b in Richtung Norden zum Talschluss der Wengerau. Nun links des Bachgrabens halten und schließlich durch einen lichten Wald hinauf zur Elmaualm (1533 m). Ab der Elmaualm geht es dann in einer längeren Hangquerung über den »Tanzboden« zum Südrücken. Über diesen in einigen Spitzkehren in gleichmäßiger Steilheit hinauf zur Werfener Hütte. Abfahrt entlang der Aufstiegsroute.

Weitere Tour in der Umgebung
→ Bischlingshöhe (1834 m)

Gipfelloses Glück

Lage
Gosaukamm

Ziel
Stuhlalm (1465 m)

Einkehr
Winterstellgut

Anforderung im Aufstieg
500 Hm, 1,5 h

Variante
Stuhllochscharte (2246 m)
1272 Hm, 3,5 h

Stuhlalm (1465 m)

Kondition ●○○○○
Technik ●●○○○
Gesamt ●●○○○

Stuhllochscharte (2246 m)

Kondition ●●●●○
Technik ●●●●○
Gesamt ●●●●●

Stuhlalm ↗ 1465 m

Wer am Gosaukamm gern seine Spuren zieht, hat eine fundamentale Sache begriffen. Man braucht keinen Gipfel, um am Berg glücklich zu sein.

Der Gosaukamm beginnt an der Hochfläche der Zwieselalm mit der Gablonzer Hütte und endet an der Bischofsmütze. Auf dem Weg dorthin springt er unzählige Male auf und ab und hinterlässt neben nicht weniger als 15 Gipfeln ein zerklüftetes Zickzack aus Türmen und Schluchten – ein wilder Puls aus Stein. Eine solche Topografie ist österreichweit einzigartig und als Skitourengeher hat man das Gefühl, man sei in den Dolomiten am Weg. Ein Gelände wie dieses hat aber auch empfindliche Nachteile. Etliche Gipfel sind so exponiert, dass sie nur schwer, in vielen Fällen sogar nur durch Kletterei, erreicht werden können. Insbesondere dann, wenn man von der Nordseite auf den Kamm steigen will. Solche Manöver sind aber nicht jedes Skitourengehers Sache. Vielleicht sind die Selfies von Gosaugipfeln deswegen eher rar.

Stehenbleiben: unmöglich!

Die Tour auf die Stuhllochscharte als Einsteigertour zu beschreiben, wäre wohl eine kleine Untertreibung. Um dieses Kriterium zu erfüllen, müsste man schon bei der Stuhlalm (1465 m) stehen bleiben. Das kann man natürlich machen, ein Problem wirft dieser Stopp aber auf. Wer einmal seinen Blick auf die monolithische Bischofsmütze sowie das schattige, manchmal mit unverschämt gutem Pulver befüllte Kar darunter gerichtet hat, kann einfach nicht stehen bleiben und kehrtmachen. Der will, ja der muss fast weitergehen! Aus diesem Grund wird die Tour auf die Stuhlalm hier mit einer »Verlängerungsoption für Ambitionierte, die über sich hinauswachsen wollen« versehen.

Exzellenz ist vonnöten

Gestartet wird am Parkplatz des Pommerbauern, von wo man südwärts gehend nach wenigen Metern links über die erste Wiese den Weg zur Stuhlalm nimmt. Durch den Pommerwald gehend, quert man einige Male die Forststraße, bis sich der Wald lichtet und man in Aufstiegsrichtung rechts in offenes Gelände kommt. Hier arbeitet man sich über kupiertes Gelände hoch bis man nach einer kleinen Rechtsquerung auf die flachere Stuhlalm gelangt. In südöstlicher Richtung offenbart sich von dieser erhöhten Position aus gut einsehbar der weitere Routenverlauf ins Stuhlloch, das südlich von der Bischofsmütze und nördlich von der Großwand flankiert wird.

Als Nächstes wird flach abfallend in das Stuhlloch hinab gequert. Dort hält man sich auf der orografisch linken, nördlichen Talseite, um Respektabstand zur rechts aufragenden Großwand zu halten. Die gewaltige Lawine, die von dieser alljährlich hinab ins Stuhlloch donnert, ist ein unangenehmer Fixpunkt jeder Gosausaison. Man sollte sich bloß nicht von ihr erwischen lassen!

Nach der Querung arbeitet man sich durch das Kar höher und höher bis zu einem markanten Felsbrocken, dem sogenannten »Jausenstein«. Hier biegt man nach rechts in eine markante, steile Rinne. Je näher man der Oberen Stuhllochscharte kommt, umso steiler wird das Gelände, umso näher rücken die Felswände. Nur wenn die Bedingungen exzellent sind, sollte man weiter bis zur Scharte steigen. In den meisten Fällen ist es jedoch sinnvoller, es an sicherer Stelle (manchmal sogar am Jausenstein) gut sein zu lassen.

Die Abfahrt erfolgt im Spurbereich an der Nordseite. Auf der flachen Ebene (1400 m) lässt man die Stuhlalm rechts oberhalb liegen und fährt zur Lochalm (1240 m) ab. Am Boden angekommen geht es links des Weißenbachs auf einem meist ausgefahrenen Wanderweg talauswärts bis man auf eine Forststraße (circa 1100 m) gelangt. Hier rechts über den Bach und auf dieser zurück Richtung Eberlehen und Pommerbauer.

Winterstellgut

Als im zwölften Jahrhundert in Hallein die Salzgewinnung zu florieren begann, brauchte man für die Sudhäuser Brennholz in rauen Mengen. So entstanden oberhalb von Annaberg viele freie Flächen, auf denen Bauern Felder bestellten und Höfe bauten. Lange Zeit befand sich am Platz des Winterstellguts ein Wirtshaus, in das die Annaberger gern einkehrten. 2004 wurde das Winterstellgut renoviert und gehört mit seinen drei Hauben mittlerweile zur kulinarischen Königsklasse. Die Bodenständigkeit hat man sich hier aber seit jeher bewahrt und deswegen fühlt man sich sofort wohl. Wenn man reserviert hat – und das sollte man unbedingt tun – ist man auch nach der Skitour als Gast sehr gern gesehen.

Kulinariktipp
Wer sich für das Hirschlaibchen aus eigener Jagd mit Rahmwirsing und kalt gerührten Preiselbeeren entscheidet, kann kaum falschliegen.

Daten & Fakten zur Tour

Ausgangspunkt
Parkplatz Pommerbauer

Anfahrt
Von der Autobahn A 10 kommend die Abfahrt Golling nehmen und dann weiter Richtung Abtenau. Abtenau durchfahren und danach auf der Landesstraße an der Kreuzung rechts Richtung Annaberg abbiegen. Vor der Ortseinfahrt links abbiegen Richtung Astauwinkel. Von dort weitere Fahrt Richtung Parkplatz Pommerbauer.

Aufstieg
Südlich über eine Wiese in den Pommerwald. Die Forststraße mehrfach queren bis man über freies Gelände die Stuhlalm erreicht. Flach abfallend in südöstlicher Richtung hinab ins Stuhlloch. Durch das Kar unterhalb der Großwand weiter aufwärts bis zum markanten »Jausenstein« und dann in steilen Spitzkehren Richtung Scharte.

Abfahrt
Erst im Spurbereich an der Nordseite dann in Richtung Lochalm. Am Bodon angekommen geht es links des Weißenbachs auf einem meist ausgefahrenen Wanderweg talauswärts zur Forststraße. Auf dieser Richtung Eberlehen zum Pommerbauer.

Weitere Tour in der Umgebung
→ Kamplbrunnspitze (2191 m)

Oben der Schnee, unten das Meer. Wer einmal Skitourenbilder aus den Lyngenalpen in Norwegen gesehen hat, kann sie nur schwer wieder vergessen. Um sich die Kombination aus Wasser und Schnee zu gönnen, muss man nicht den Polarkreis überqueren – ein Besuch im Pinzgau reicht.

↗ 2011 m

Schwalbenwand

Am Rücken der Schwalbe

Lage
Pinzgauer Grasberge

Gipfel
Schwalbenwand (2011 m)

Einkehr
Schlosshotel Kammer

Anforderung im Aufstieg
970 Hm, 2,5 h

Kondition ◉◉◉○○
Technik ◉◉○○○
Gesamt ◉◉○○○

Wissenswertes
Der Zeller See entstand am Ende der letzten Eiszeit vor etwa 10 000 bis 16 000 Jahren, als die Eismassen der nördlichen Glocknergruppe das Trogtal zwischen den Pinzgauer Grasbergen formten und dabei auch die spätere Senke des Sees ausschürften.

Schnee besteht aus Wasser, soweit nichts Neues. Als Skifahrer hat man es aber doch lieber, wenn die beiden Zustände dieses Mediums streng getrennt auftreten. Denn Schnee und Wasser bedeutet Matsch – und der verheißt selten eine Abfahrtsgaudi. Wenn es einen Ort gibt, der diese beiden Aggregatzustände harmonisch zu vereinen weiß, dann ist es die Schwalbenwand (2011 m). Das Medium Wasser in Form des Zeller Sees still vor sich liegen zu haben, während es gefroren zu Schneekristallen bei jedem Schwung wild um einen herumstiebt, ist eine Gleichzeitigkeit, die so wunderbar wie selten ist.

Ein Anfang in der Mitte
Ein Berg, viel Schnee, ein See – diese Kombination ist selten. Ein Ort, wo man fündig wird, ist die nordöstlich des Zeller Sees gelegene Schwalbenwand.

Aller Anfang ist leicht, müsste das Motto bei dieser Skitour lauten, denn der Start der Tour befindet sich mitten am Berg beim – wie könnte er anders heißen? – Mitterberghof auf 1200 Metern. Wenn man ein paar Schritte hinter dem Schranken ein Blick zurück ins weit entfernte Tal wirft, hat man das Gefühl, schon jede Menge Höhenmeter gemacht zu haben.

Der Weg auf die Schwalbenwand stellt keine besonderen Anforderungen an die Orientierung dar. Selbst wenn man der Erste ist – was aufgrund der großen Beliebtheit der Tour nur selten der Fall sein wird – ist die Richtung vorgegeben. Erst geht es auf einer Forststraße bis in den Wald, dann kurz links und sogleich wieder rechts auf den markierten Sommerweg. Ab da marschiert man auf dem markanten Rücken bis zur aussichtsreichen Südwestschulter der Schwalbenwand und von dort auf ihren Gipfel (2011 m). Hier gerät man womöglich in einen leichten Zwiespalt. Sollte man mit Blick auf den Hochkönigstock nicht vielleicht doch in die pulvrige Nordseite Richtung Maria Alm eintauchen?

Nein, soll man nicht! Erstens ist der Rückweg lang und zweitens die Abfahrt nach Süden norwegischer, sprich schöner! Da stehen Hoher Tenn und Kitzsteinhorn, davor liegt der Zeller See in absorbierendem Dunkelblau. Und guter Schnee ist mit ein wenig Glück auch noch zu finden. Eigentlich sollte man die Schwalbenwand nicht zu viel hypen. Auch so ist hier schon einiges los. Und wer weiß, wenn die Norweger von der Schwalbenwand hören, dann schauen die vielleicht auch noch vorbei …

Dinieren wie die Könige
Wer königlich speisen will, braucht ein Schloss, so viel steht fest. Noch dazu eines, wo man nicht in der Robe erscheinen muss, sondern auch in der Softshell-Hose willkommen ist. Kurz gesagt: Man braucht einen Platz wie der von der Familie Neumayer mit Hingabe geführte Landgasthof Schloss Kammer in Maishofen.

Daten & Fakten zur Tour

Ausgangspunkt
Parkplatz am Mitterberghof (1200 m)

Anfahrt
Auf der B 168 (von Westen) oder B 311 (von Osten) nach Zell am See und dann auf die gegenüberliegende Seite des Zeller Sees. Über Wiesenlehen nach Thumersbach und dann ins Thumersbacher Tal. Am Ortsende von Thumersbach links abbiegen auf den Mitterbergweg und diesem bis zum Ausgangspunkt folgen.

Aufstieg und Abfahrt
Vom Parkplatz am Mitterberghof über eine Waldschneise Richtung Forststraße zur Grießalm. Scharf links bis an den Waldrand. Kurz durch dichteren Bewuchs bis auf eine freie Schneise zu einem markanten Rücken. Diesem bis zum Gipfel der Schwalbenwand folgen. Abfahrt wie Aufstieg, ab der Grießalm kann man bei wenig Schnee auch der Forststraße zum Mitterberghof folgen.

Weitere Tour in der Umgebung
→ Ronachkopf (1326 m)

Nicht nur von außen ist dieser Ort speziell, auch die Küche ist dank der Zutaten aus der hauseigenen biologischen Landwirtschaft vom Feinsten. Falsch machen kann man bei dem erlesenen Speisenangebot ohnehin nichts, doch wer die in der Pfanne servierten Pinzgauer Kasnock'n bestellt und diese zum süßen Ausklang mit einer Portion Salzburger Nockerl krönt, hat definitiv alles richtig gemacht. Nach dem guten Essen würde man sich am liebsten an den Strand begeben, um dort mit dem Cocktail in der Hand den Tag ausklingen zu lassen. Das ist aber leider nur mit viel Fantasie möglich. Oder wenn es zum Skifahren schon längst zu warm ist.

mittendrin
Schwalbenwand

Eine lustvolle Nebensache

Lage
Goldberggruppe

Gipfel
Kolmkarspitz (2529 m)

Einkehr
Gasthof Bodenhaus

Anforderung im Aufstieg
1294 Hm, 4,5 h

Kondition ⦿⦿⦿⦿⦿
Technik ⦿⦿⦿○○
Gesamt ⦿⦿⦿⦿○

Kolmkarspitz ↗ 2529 m

Das Raurisertal ist eines der wenigen dauerhaft besiedelten Tauerntäler und war viele Jahrhunderte lang ein Zentrum des Goldbergbaus. Das hat sich bis dato nicht geändert. Auch heute sucht man dort noch nach Gold. Allerdings nach dem weißen, das vom Himmel gefallen ist. Auf der Kolmkarspitze wird man oft fündig und meistens ist auch genug für alle da.

Eins steht fest: Das Raurisertal ist panoramatechnisch fest in der Hand seiner höchsten Gipfel, dem Hohen Sonnblick (3106 m) und dem Hocharn (3254 m). Einen ersten, unverstellten Blick auf die beiden bekommt man schon aus weiter Ferne. Während man dann minutenlang auf der Sichtachse in ihre Richtung fährt, kann man, ja will man kaum woanders hinschauen, so absorbierend ist ihr Anblick. Im Frühjahr, wenn die Wiesen im Tal schon grün sind, ist der Kontrast zu den oft noch winterlichen Gipfeln am krassesten. Sie könnten dann auch 6000-Meter-Giganten sein, und man selbst gedanklich im Karakorum statt in Rauris.

Dass der Mensch eher vom Überwältigenden angezogen wird als vom Unscheinbaren, liegt in der Natur seiner Wahrnehmung. Darin liegt aber auch ihre Schwäche. Das Unscheinbare und das Nebensächliche haben oft mehr zu bieten, als man auf den ersten Blick vermuten möchte.

Der bessere Deal

Dieser Befund trifft auch auf den Kolmkarspitz (2529 m) zu. Er steht zwar auch hinten in der alpinen Arena, die sich rund um Kolm-Saigurn (1600 m) erhebt, mit seinen weiten, sanft auslaufenden Hängen und gut einem halben Kilometer weniger an Gipfelhöhe als Sonnblick und Hocharn wirkt er aber wie ein x-beliebiger Schneehügel.

Genau wegen diesem »schneehügeligen« Charakter ist er speziell bei Anhängern des moderaten Tourengehens sehr beliebt. Während man sich für ein Gipfelselfie auf die hohen Nachbarn gehörig plagen muss und Anstiege jenseits der 1600 Höhenmeter und mehr bewältigen muss, bekommt man auf dem Kolmkarspitz denselben atemberaubenden Ausblick für ein wenig mehr als die Hälfte der Anstrengung. Das ist eindeutig der bessere Deal! Weil der Kolmkarspitz auch weit weniger exponiert ist und vom Wind nicht ganz so traktiert wird, findet man hier oft den besseren Schnee vor. Umgekehrt sind, wenn einmal wieder zu viel davon gefallen ist, die Bedingungen am Kolmkarspitz viel sicherer.

Vom Parkplatz Lenzanger geht es auf dem Sommerweg erst zur Durchgangsalm (1745 m) und dann weiter zur Filzenalm (1784 m). Dort angekommen gelangt man kurz darauf in ein weites Kar, durch das man sich diagonal nach rechts querend bis zur Kolmkarscharte (2298 m) hocharbeitet. Nun wird das Gelände deutlich flacher. Man ändert den Kurs auf Nordost bis man auf einen plateauartigen Rücken kommt. Diesen hinter sich lassend gelangt man sogleich zum Gipfel. Von dort aus hat man einen ausgezeichneten Ausblick auf Sonnblick und Hocharn. Wenn sich insbesondere bei Letzterem mal wieder eine »Ameisenstraße« gipfelwärts schiebt, weiß man, warum man sich heute lieber einer »Nebensache« gewidmet hat.

Daten & Fakten zur Tour

Ausgangspunkt
Parkplatz Bodenhaus

Anfahrt
Auf der A 10 Tauernautobahn bis Knoten Pongau/Bischofshofen, danach auf der B 311 in südwestlicher Richtung bis Taxenbach.

Aufstieg und Abfahrt
Entlang der Mautstraße zum Parkplatz Lenzanger und dann entlang des Sommerweges zur Durchgangsalm und weiter zur Filzenalm. Über das durch das breite Kar aufwärts und in die Kolmkarscharte, dann links und im flachsten Bereich durch den Gipfelhang hinauf auf das Hochplateau und zum Gipfel. Abfahrt entlang der Aufstiegsroute, bei der Durchgangsalm entlang eines Ziehweges nach links nach Kolm-Saigurn.

Da, wo er sein soll

Für gutes Essen nach einer Skitour in Rauris kommt nur ein Platz infrage: der Alpengasthof Bodenhaus. Um in den Genuss feinster Küche zu kommen, muss man nicht nur nicht weit fahren – man muss gar nicht fahren! Der Gasthof Bodenhaus ist genau da, wo er sein soll: direkt beim Parkplatz vor der Mautstraße. Die Entscheidung, bei ihm einzukehren, ist meistens bereits gefallen, bevor sie überhaupt besprochen wurde. Dass sie je bereut worden wäre, ist nicht bekannt. Außer am Dienstag, da ist Ruhetag!

Hahnbalzköpfl ↗ 1880 m

Auf den sanften Hängen des Hahnbalzköpfls kommen nicht nur liebestolle Hähne auf Touren. Auch Skitouren-Einsteiger und Genussspechte finden hier in Dorfgastein ihren angestammten Lebensraum.

Wo wilde Hähne anbandeln

Lage
Goldberggruppe

Gipfel
Hahnbalzköpfl (1880 m)

Einkehr
Unterwegs keine, Gasthöfe in Dorfgastein

Anforderung im Aufstieg
1000 Hm, 3 h

Kondition ●●●●○
Technik ●●○○○
Gesamt ●●●○○

Am Hahnbalzköpfl reiht sich nämlich eine »skifahrerfreundliche« Wiese an die nächste – praktisch ohne Flachstück dazwischen. Skigenuss verspricht dieses Gelände vor allem im Hochwinter bei frischem Pulverschnee. Auch bei angespannter Lawinensituation ist das Hahnbalzköpfl häufig ein vertretbares Ziel, weil es auf der üblichen Route nirgends übermäßig steil ist. In Summe eine einfache Einsteigerskitour wie aus dem Bilderbuch – sofern die Kondition für 1000 Höhenmeter reicht.

Wiesen-Stakkato und Almenduo

Das Wiesen-Stakkato am Hahnbalzköpfl sorgt auch für viel Aussicht von Beginn an. Als hochalpiner Aufputz dient der Felskoloss des Bernkogels, den wir lange Zeit direkt ansteuern. Die Amoseralm gibt ebenfalls einen hübschen Blickfang ab. Und zwar gleich doppelt: als Nieder- und als Hochalm. Speziell letztere hält behagliche »Rastbankerl« für Skitourengeher bereit. Wer dort genüsslich an der sonnenwarmen Hüttenwand lehnt und übers Gasteinertal blickt, kann verschmerzen, dass beide Almhütten im Winter nicht bewirtschaftet sind.

Spürnasen-Gipfel und Schuhplattel-Vorbilder

Die vielleicht größte Herausforderung am Hahnbalzköpfl: das Gipfelkreuz zu finden. Weil es am langen, flachen Gipfelkamm zwar nahe am Bernkogel steht, nicht aber am allerhöchsten Punkt. Weil Kreuz und Gipfel in manchen Karten falsch eingezeichnet sind. Und weil am Weg dorthin Wald und Geländekuppen die Sicht etwas behindern.

Das ideale Skigelände am Hahnbalzköpfl übt nicht nur auf uns Wintersportler einen unwiderstehlichen Reiz aus. Das gefährdete, etwa haushuhngroße Birkhuhn zum Beispiel findet den lichten Hochwald genauso attraktiv. Ebenso die Almwiesen, auf denen die hormonstrotzenden Hähne im Frühjahr Balztänze aufführen – daher der Name des Berges. Diese Tänze sollen übrigens Vorbild für eine ebenso kuriose menschliche Darbietung gewesen sein: das Schuhplatteln.

Gastgeber im Energiesparmodus

Fest steht: Wir Skitourengeher sind mitten im Wohnzimmer der Wildtiere unterwegs. Und die stecken im Winter gehörig in der Energie-Zwickmühle: Weniger Nahrung bedeutet weniger Energiereserven zum Überleben. Daher gilt für die Tiere: keine falsche Bewegung! Birkhühner vermeiden im Winter jeden unnötigen Weg. Kommen ihnen jedoch Wintersportler zu nahe, müssen sie den Energiesparmodus verlassen und flüchten Hals über Kopf. Das kostet zusätzlich Kraft. Kommt es zu oft vor, wird die Energiebilanz der Vögel negativ. Ein mitunter tödlicher Saldo.

Wer im Wohnzimmer der Birkhühner nicht als Partycrasher, sondern als rücksichtsvoller Gast auftreten will, sollte am Hahnbalzköpfl somit auf der üblichen Skiroute bleiben. Dadurch sind die menschlichen »Bewegungskorridore« für die Tiere vorhersagbar. Zudem gilt es, den frühen Morgen und den späten Nachmittag zu meiden. Da ist das Birkhuhn bevorzugt auf Nahrungssuche. Beide Maßnahmen tragen bereits viel dazu bei, dass die liebestollen Hähne und ihre Angebeteten gut über den Winter kommen. Und für uns Skitourengeher sind das keine großen Zugeständnisse, oder?

Daten & Fakten zur Tour

Ausgangspunkt
Unterberg bei Dorfgastein

Anfahrt
Vom Salzachtal ins Gasteinertal. Kurz vor Dorfgastein rechts (Schild »Unterberg«), nach der Brücke wieder rechts. Bis Unterberg, bei einer Kreuzung links, am Ortsende geradeaus (Tafeln »Bärenweg«) und 200 m zum Parkplatz Amoseralm (880 m).

Aufstieg und Abfahrt
Vom Parkplatz nach Nordwesten auf der Straße über den Bernkogelbach (Brücke). Anschließend stets westlich die Wiesen hinauf zur Amoser Niederalm (circa 1185 m) und zur kleinen Mitterhütte (circa 1385 m). Dort links über einen kurzen Steilhang, dann rechts hinauf zu einer Straße. Auf ihr zur Amoser Hochalm (1592 m). Durch lichten Hochwald (etwas unübersichtlich) westlich bis südwestlich auf den Kamm mit dem Gipfelkreuz (circa 1880 m). Abfahrt wie Aufstieg.

Variante
Zwischen Gipfel und Amoser Hochalm sind etliche Abfahrtsvarianten möglich. Bei sicheren Lawinenverhältnissen kann man zum Beispiel vom Gipfel nach Südosten unter den Bernkogel hinüberqueren und über schöne freie Hänge zur Amoser Hochalm hinunterschwingen.

Weitere Touren in der Umgebung
→ Tagkopf (2085 m)
→ Mooseckhöhe (2129 m)
→ Kieserl (1953 m)
→ Kalkbretterkopf (2412 m)

mittendrin
Hahnbalzköpfl

mittendrin
Benzegg

Nachbarn fürs Leben

Lage
Radstädter Tauern

Gipfel
Benzegg (2076 m)

Einkehr
Gasthof Schauphof

Anforderung im Aufstieg
970 Hm, 2,5 h

Kondition ●●○○○
Technik ●●●○○
Gesamt ●●●○○

Benzegg ↗ 2076 m

»Unten laut, oben leis', die eine grau, der and're weiß«. Auf den ersten Blick sind Skitourenberge und Autobahnen eine Unvereinbarkeit. Vor allem dann, wenn der eine gleich neben der anderen steht. Manchmal ziehen sich Gegensätze aber auch an und wenn sich wie beim Benzegg (2076 m) das Beste beider Welten vereinen lässt, dann kommt eine Einsteiger-Skitour vom Feinsten raus.

Hand aufs Herz – das Benzegg ist alles andere als ein Skitouren-Geheimtipp. Dank seiner leichten Erreichbarkeit und seinem, bis auf wenige Ausnahmen moderaten Gelände, wird der Berg gleich bei der Ausfahrt Flachauwinkl an schönen Tagen von Skitourengehern regelrecht überflutet. Auf diesem Berg allein die erste Spur in den unberührten Schnee zu ziehen, ist ein Lebensziel, das sich nur wetterkundige Frühaufsteher oder Riesenglückspilze erfüllen können.

Das Gute bei der Tour auf das Benzegg (2076 m) ist allerdings der Umstand, dass das Bergerlebnis davon nicht im Geringsten in Mitleidenschaft gezogen wird. Als wäre der Berg immun dagegen. Vielleicht liegt das daran, dass die Erwartungen großer Entdeckungen eher niedrig sind und dafür jede neu entdeckte Facette umso faszinierender funkelt.

Bis zur Prechtlhütte (1186 m) funkelt allerdings erst mal recht wenig. Eine Forststraße bleibt eine Forststraße. Mit dem Einbiegen auf die mehrspurige Aufstiegsautobahn Richtung Ranstlalm (1502 m) werden die Höhenmeter mehr und auch der Ausblick ertragreicher. Konversationen, die dank des flachen Intros entlang des Marbachtals locker dahingeplätschert sind, kommen ins Stocken und können nur mit zwischenwörtlichen Luftschnappern aufrechterhalten werden.

Alle Wege führen zur Scharte

Das ist besonders
So schön der lichte Wald auch sein mag, eine Abfahrt durch die weite Rinne verfügt eindeutig über mehr Anziehungskraft. Zur Sicherheit sollte man aber nicht geradewegs durch deren Mitte stechen, sondern sich in ihrem Randbereich aufhalten.

Oberhalb der Ranstlalm geht es in einen herrlich lichten Wald. War die Aufstiegsspur bislang eher alternativlos, so beginnt sie sich nun aufzudröseln. Man merkt förmlich, wie das Gelände dazu auffordert, das sture In-der-Spur-Gehen zu hinterfragen und über ein Ausscheren nachzudenken. Die Möglichkeiten dazu sind zahlreich. Wer an seiner Spuranlage ein wenig feilen möchte, findet im Wald zwischen Benzegg und Schilchegg ein ideales Übungsgelände vor. Ein wenig von der Hauptspur abzuschweifen hat überdies den Vorteil, dass man sich, quasi nebenbei, auf die Suche nach einer noch unverspurten Abfahrtslinie machen kann. Wenn in den lichten Wald die Sonne fällt und sich die Schatten der Stämme dunkel am Schnee abzeichnen, fühlt sich das an wie unter riesigen Mikadostäben spazieren zu gehen.

So richtig verlaufen kann man sich ohnehin nicht, denn der sanfte Kessel sorgt dafür, dass alle Aufstiegswege zur Scharte (1840 m) zwischen Benzegg im Norden und Schilchegg im Süden führen.

Das Benzegg ist aufgrund seines steilen Rückens etwas markanter im Anblick und nicht nur aus diesem Grund die erste Wahl vieler Tourengeher. Ein weiteres Argument, das aber nur bei sicheren Verhältnissen seine Berechtigung hat, ist die Abfahrt durch die Benzegg-Südostrinne.

mittendrin
Benzegg

Daten & Fakten zur Tour

Ausgangspunkt
Parkplatz Marbach

Anfahrt
A 10 Tauernautobahn, Abfahrt Flachauwinkel. Danach fünf Kilometer in Richtung Talschluss fahren zum Parkplatz Marbach.

Aufstieg und Abfahrt
Vom Parkplatz an der Flachauwinklstraße folgt man der fast ebenen Forststraße durch den Wald, nun dem Bachlauf leicht bergauf durch lichten Wald bis man die offenen Flächen der Marbachalmen erreicht. Zur Ranstlalm (1500 m) und dann über freies Gelände zum Kamm zwischen Schilchegg links und Benzegg rechts. Nun entlang des rückenartigen Kammes bis zum Gipfel (2076 m). Abfahrt entweder wie Aufstieg oder über die südostseitige Rinne.

Weitere Tour in der Umgebung
→ Schilchegg (2040 m)

Stopp statt Start

Lange bevor ein Mensch auf die Idee kam, sich auf Holzbretter zu stellen, um damit im Schnee herumzurutschen, stand der Schauphof schon da, wo er auch heute noch steht. Bereits 1544 wurde der Bauernhof erstmals urkundlich erwähnt. Dank des original erhaltenen Kellergewölbes und der rustikalen Stube kann man sich als Gast die Vergangenheit anhand dieser Spurenelemente auch heute noch deutlich vergegenwärtigen. Gemütlichkeit und Gastlichkeit wurden hier über die Zeiten bewahrt und werden auch von der sehr engagierten Familie Unterwurzacher groß geschrieben. Genau deswegen muss man hier einen Stopp einlegen, bevor man die Heimfahrt beginnt.

Schnee ohne Ende

Lage
Radstädter Tauern

Gipfel
Kreuzeck (2204 m)

Einkehr
Talwirt

Anforderung im Aufstieg
900 Hm, ca. 3,5 h

Kondition ●●●○○
Technik ●●●○○
Gesamt ●●●○○

Kreuzeck ↗ 2204 m

Wenn man es eilig hat, ist die Fahrt ins Großarltal schlicht das Falsche. Das östlichste Tauerntal ist mit seinen 27 Kilometern nämlich auch das längste. Sich ganz nach hinten zu lavieren, dauert. Dafür ist es oberhalb von Karteis noch tiefer Winter, wenn am Taleingang schon die Wiesen blühen.

Das ist besonders

Die Gletscher sind von der Talsohle zwar längst verschwunden, ihre Spuren sind aber noch deutlich sichtbar. Hinter Hüttschlag haben sie nicht nur einen eindrucksvollen Taltrog in die Landschaft gefräst, sondern diesen auch noch asymmetrisch gestaltet.

Ohne einen Schritt

Man sieht es gleich, hier im Großarltal waren die Gletscher ziemlich am Werk. Die eiszeitlichen wohlgemerkt. Was von ihnen noch übrig ist, das hat sich an die obersten Flanken des Keeskogels (2884 m), der höchste Berg im Großarltal, zurückgezogen. Während sich die Westseite mit ihren Wiesenhängen eher gemächlich aufsteilt, macht die Ostseite mit ihrer Bastion aus senkrechten Felswänden einen undurchdringlichen Eindruck.

Oberhalb von Karteis prangen zwar keine Felsen, trotzdem ist der Hang so steil, dass die Straße mit ihren Haarnadelkurven in schnellem Zickzack von links nach rechts springt. Von oben betrachtet kleben die dunklen Asphaltfahrbahnen wie aufgerollte Lakritze eng aneinander. An Höhe gewinnt man hier schnell, auch ohne zu rasen. Ehe man sich's versieht, ist man auch schon am Parkplatz der Halmoosalm. 1300 Meter zeigt der Höhenmesser und da hat man noch nicht mal einen Schritt getan hat.

Das Ende am Anfang

Die Aufstiegsspur zieht gleich nach dem Parkplatz durch einen auffällig attraktiven Hang. Auch wenn man gedanklich noch im Auto sitzt, sollte man jetzt aufmerksam sein. An diesem Abschlusshang finden sämtliche Abfahrtsspuren zusammen und die konzentrieren sich zumeist auf die orografisch rechte Hangseite. Rechts ist verdächtig viel freier Platz. Lauert dort etwa eine Fallgrube oder handelt es sich um klassisches Übersehen? Weil eher Letzteres der Fall ist, lohnt es sich, gleich am Anfang der Tour über ihr Ende nachzudenken. Mit ein bisschen Geschick lässt es sich bis zum Auto im unverspurten Schnee fahren.

Nach dem Hang geht es nach 200 Metern sogleich links auf die Forststraße. Mit spitzer Kurve geht es von dieser ab und bald entlang der Strommasten hin zur Karteisalm. Es folgt ein Lärchenwald mit einem kurzen Spitzkehren-Schnapper, dem Türöffner in das nun flache Almgelände.

Flach, weiß, und enorm weitläufig ist es hier oben. Umringt vom halbkreisförmigen Grat der vom Karteiskopf über das Karteistörl (2145 m), das Kreuzeck (2204 m) bis zum Schattleitenkopf (2013 m) zieht, wandert man erst flach und dann immer steiler werdend in Richtung des gut sichtbaren Kreuzecks. Kurz vor Erreichen des Grates gilt es darauf zu achten, nicht zu weit in den nordwestlichen Gipfelhang abzudriften. Er ist recht steil und könnte eingeblasen sein. Wenn irgendwo ein Schneebrett auslösbar ist, dann hier. Nach dieser kurzen Schlüsselstelle geht es über den flachen Gipfelrücken gefahrlos bis zum höchsten Punkt.

Muße und Schmalz

Die Abfahrt vom Kreuzeck ist skifahrerisch »a g'mahde Wiesen«, denn der opulente Westhang, in den man fast vom Gipfel einfahren kann, ist oft mit gutem Schnee gesegnet. Eine dermaßen einladende Schneefläche, noch dazu in moderater Steilheit, bleibt natürlich nicht lange unverspurt. Mit anderen Worten: Sie ist meistens sehr verspurt. Kein großes Problem, denn bei der Breite findet man immer genug Platz für die eigene Linie. Gut 300 Meter tiefer läuft der Hang flach aus. Man ist wieder am Almboden, wo man neben der Spur fahrend wieder zur Karteisalm und dann zur Forststraße kommt.

Hat man Muße und vor allem noch Schmalz in den Schenkeln, lohnt es sich, noch einmal aufzufellen und die knapp 150 Höhenmeter auf den in Abfahrtsrichtung links gelegenen Schattleitenkopf aufzusteigen. Wenn unten der Schnee schon niedergeritten ist, liegt hier meistens noch unberührter Schnee – also ein gutes Investment, deren Rendite eine herrliche Abfahrt durch den lichten Lärchenwald oberhalb der Karteisalm ist.

Bevor man auf den letzten Hang einbiegt, gilt es kurz das Erinnerungsvermögen zu bemühen und sich ein paar Stunden zurück, an den Anfang der Tour zu versetzen: Wo war noch mal der unverspurte Bereich am Abschlusshang? Links, oder?

Kalt geräuchert

Kein Zweifel, der Talwirt ist **die** kulinarische Institution im Großarltal. Die mit heimischen Spezialitäten gefüllte Karte ist aber nur ein Grund dafür, dieser Gaststätte die Aufwartung zu machen. Der Talwirt hat nämlich etwas, das mittlerweile eine kleine Seltenheit geworden ist: eine eigene »Rauchkuchl«. Das ist kein Ort, an dem man sich gemütlich seine Zigarette anzünden kann, sondern einer, an dem eine lokale Besonderheit entsteht: Räucherspeck. Das Fleisch wird hier trocken gesalzen, gewürzt und dann drei Wochen ins Fass eingelegt, wo es sich aromatisch entfalten kann. Anschließend wird es mit Erlenrauch langsam kalt geräuchert. Drei Monate dauert es, bis der legendäre »Rauchkuchlspeck« fertig ist – und das schmeckt man. Auf's Brettl damit, Brot und Butter dazu und der ideale Schlusspunkt unter die Skitour ist gesetzt.

Kulinariktipp
Das hausgemachte »Nationalpark-Eis« ist der beste Grund, sich auch im Winter eine Kugel Gefrorenes zu gönnen.

Daten & Fakten zur Tour

Ausgangspunkt
Parkplatz Hallmoosalm (1300 m)

Anfahrt
Von St. Johann im Pongau kommend über die Großarler Landesstraße (L 109) nach Hüttschlag, weiter zur Ortschaft Karteis, dort links abbiegen und den Seilsitzberg-Güterweg hochfahren. Bei guten Schneeverhältnissen ist die Skitour auch von der Ortschaft Karteis möglich, der Höhenunterschied beträgt dann 1200 m.

Aufstieg und Abfahrt
Vom Parkplatz Hallmoosalm über eine mäßig geneigte Wiese zum Forstweg Karteisalm. Dann durch einen schütteren Lärchenwald auf ein kleines Plateau mit Gipfelblick. Vor dem Gipfelaufbau mit Schwenk nach rechts auf den Bergrücken zwischen Karteis- und Glettnalm zu und von da zum Gipfel des Kreuzecks.

Abfahrt im Bereich der Aufstiegsroute Richtung Karteisalm eventuell in Kombination mit nochmaligem Aufstieg zum Schattleitenkopf.

Weitere Tour in der Umgebung
→ Schattleitenkopf (2013 m)

Ein Klassiker, den man kennen muss

Lage
Radstädter Tauern

Gipfel
Spirzinger (2066 m)

Einkehr
Gnadenalm (1275 m)
Südwienerhütte (1802 m)

Anforderung im Aufstieg
800 Hm, 2,5 h zum Gipfel
540 Hm, 1,75 h zur Südwienerhütte

Spirzinger (2066 m)
Kondition ●●●○○
Technik ●●○○○
Gesamt ●●○○○

Südwienerhütte (1802 m)
Kondition ●○○○○
Technik ●○○○○
Gesamt ●○○○○

Spirzinger ↗ 2066 m

Auf dem Sattel zwischen Taurach- und Flachautal herrscht an schönen Wintertagen rund um die Südwienerhütte oft Hochbetrieb. Das ist kein Wunder, denn das Gebiet bietet alles, was Wintersportler-Herzen höherschlagen lässt.

Das ist besonders
Die Gegend hat vor allem auch für Varianten-Liebhaber einiges zu bieten: Kaum irgendwo in den Ostalpen gibt es einfacheren Zugang zu Geländeabfahrten für jede Könnerstufe.

Schon der Ausgangspunkt der Tour – die Gnadenalm – gleicht in sonnigen Stunden einem Wintertraum mit Bilderbuchcharakter: die weiße Berglandschaft, der glitzernde Schnee, Langläufer auf der Loipe, Spaziergänger mit gefütterten Stiefeln und bunten Schals, Pferdekutschen gezogen von kräftigen Haflingern, Wintersportler aller Art und jeden Alters.

Die ersten Meter hinter sich lassend entkommt man dem Trubel recht schnell. Los geht es flach entlang der Loipe in Richtung Süden. Spuren nach rechts oben verleiten an dieser Stelle oft zum Abstecher – diesen sollte man allerdings lieber nicht folgen, denn sie führen in den steilen Wald und nur über Umwege zur Südwienerhütte.

Sobald die Forststraße steiler wird und die Kehren beginnen, können wir endlich abkürzen und die engen Pfade durch den winterlichen Wald genießen. Immer wieder kreuzen wir die Forststraße und begegnen Schneeschuhgehern und Rodlern. Wir schmunzeln über ein Kind, das sich am Schlitten sitzend unter lauten Anfeuerungsrufen den Berg hinaufziehen lässt. Der Vater trägt einen Klettergurt und ist eingespannt wie in ein Geschirr. Heute wird es wohl kaum jemanden geben, der sich das kühle Bier auf der Südwienerhütte mehr verdient.

Unter der Südwienerhütte empfiehlt es sich, auf der Straße zu bleiben. Nur der versierte Skitourengeher – oder der, der die Herausforderung sucht – geht auf der linken Seite des Bachbetts weiter, wo einige steile und enge Passagen auflauern. Nach etwas weniger als zwei Stunden ist die Südwienerhütte – auch liebevoll »Süwie« genannt – erreicht. Von dort genießt man bei guter Sicht einen grandiosen Ausblick in die Niederen Tauern. Während Schneeschuhwanderer und schlittenfahrende Begleiter hier schon dem Ruf der gemütlichen Einkehr folgen, winkt Skitourengehern der Gipfel des Spirzingers, der hinter der Hütte aufragt.

Je nach Lawinenlage kann über verschiedene Expositionen auf den Gipfel gestiegen werden. Oftmals empfiehlt es sich, nicht der harten, vom Wind abgeblasenen Aufstiegsspur über den Rücken zu folgen, sondern eine eigene Spur hinaufzuziehen. So lässt sich auch am besten feststellen, welche Linie für den Rückweg die vielversprechendste ist. Wer am Gipfel noch nicht genug hat – und schwindelfrei ist –, spaziert auf dem Grat hinüber zum Spazeck (2065 m) und nimmt so ein paar Meter mehr – und einen länger andauernden Aussichtsgenuss – mit nach Hause.

Daten & Fakten zur Tour

Ausgangspunkt
Gnadenalm

Anfahrt
Auf der B 99 von Untertauern Richtung Tauernpass. Rechts auf die Gnadenalmstraße abbiegen und ein kurzes Stück bis zur Alm. Kostenfreie Parkmöglichkeit an der Gnadenalm.

Aufstieg und Abfahrt
Von der Vordergnadenalm geht es entlang der Loipe flach in Richtung Süden. Am Matthiaskoppen vorbei, und dann die Hintergnadenalm hinter sich lassend, erreicht man in circa zwei Stunden die Südwienerhütte. Auf dem etwas steileren Südostrücken hinauf bis zum Gipfelkreuz des Spirzingers. Abfahrt wie Aufstieg.

Variante
Vom Spirzinger über den Grat zum Spazeck (2065 m).

Weitere Touren in der Umgebung
→ Kleiner Pleißingkeil (2420 m)
→ Großer Pleißingkeil (2501 m)
→ Kesselkopf (2252 m)

Schnee am Ende des Tunnels

Lage
Radstädter Tauern

Gipfel
Schöpfing (2143 m)

Einkehr
Kirchenwirt in Zederhaus

Anforderung im Aufstieg
822 Hm, 3 h

Kondition ●●●○○
Technik ●●○○○
Gesamt ●●○○○

Schöpfing ↗ 2143 m

Süden. Das klingt mehr nach Sonne als nach Schnee. Weit gefehlt. Wenn im föhnigen Norden Salzburgs mal wieder der Schnee fehlt, dann hat es sich die weiße Pracht wahrscheinlich im Lungau gemütlich gemacht.

Das Zederhaustal hat es in sich. Gut 50 Skigipfel stehen in dem Lungauer Tal, das vom Weißeckkamm im Südwesten und dem Hochfeindkamm im Nordosten, zwei Seitenästen der Radstädter Tauern, eingefasst wird. Das Örtchen Zederhaus gleich bei der Tauernschleuse hat aber noch andere Assets, die es zum neuen Epizentrum des Salzburger Skitourengehens macht. Schneidige Temperaturen und eine Lage auf 1200 Metern Seehöhe – eine Kombination, die dafür sorgt, dass die Skitourensaison in manchen Jahren schon sechs Monate gedauert hat.

Der wandernde Fokus

Es ist nicht lange her, da war Zederhaus noch ein absoluter Geheimtipp. So geheim, dass man kaum darüber sprechen konnte. Im Talabschnitt zwischen Mühlbachalm und Steffleralm, dem Ausgangspunkt vieler Touren, parkten nur wenige Autos und die hatten Tamsweger Nummernschilder. Es war ruhig, man war unter sich. Auch andere Berge haben schöne Hänge, »die anderen« sollen dort fahren.

»Die anderen« freuen sich über die schönen Hänge allerdings wenig, wenn man dort noch mitten im Dezember wegen Nordstau-Verweigerung mit dem Steinski über die Wiesen ackern muss, während sich ein Wolkenband nach dem anderen in der Gegend um Mosermandl (2680 m), Weißeck (2711 m) und Hochfeind (2687 m) leer schneit. In den letzten Jahren begann der Fokus vieler Tourengeherinnen deswegen südwärts zu wandern.

Schnee, der besser ist als sein Ruf

Mittlerweile ist es weithin bekannt, dass bei Zederhaus nicht nur feinstes Gelände darauf wartet, angespurt zu werden, sondern auch, dass der Schnee im Süden besser ist als sein Ruf. Seitdem es die Aignerhöhe (2104 m) als »Lungauer Skitourenschmankerl« auch noch auf die Seiten der Salzburger Nachrichten geschafft hat, ist hier einiges los. Die Parkplätze werden immer voller, denn auch für Skitourenneulinge gibt es viel zu holen. Den Schöpfing (2143 m) im Großkesseltal zum Beispiel.

Beim Mautschranken in das Riedingtal zweigt man rechts auf eine Almstraße ab und wandert dann ostwärts bis zur Neuseßwirtalm. Von der Alm die Straße weiter nach Norden entlang des Großen Kesselbachs bis zur Muhreralm (1659 m). Nach der Alm geht es auf der Straße über eine kleine Brücke nach links und in weitem Linksbogen unter den Hängen der Rettenwand bis zur Kößlerhiasalm (1790 m). Auf den 2143 Meter hohen Gipfel gelangt man von der Alm südwärts – am Entlüftungsschacht des Tunnels vorbei – über einige Gräben und Rinnen.

Die Abfahrt erfolgt im Wesentlichen über die Anstiegsspur. Durchaus empfehlenswert ist es, nicht den ganzen Bogen bis zur Kößlerhiasalm auszufahren, sondern vorher nordostwärts durch Gräben zur Urbanbauernalm abzubiegen. Auch Tage nach dem letzten Schneefall findet man hier mit ein wenig Glück noch unverspurten Pulverschnee.

Was nur Gott und die Gattin wissen

Gäbe es den Gruber Peter nicht, dann müsste man ihn erfinden. Für das Skitourengehen in Zederhaus erfüllt er nämlich zwei wichtige Funktionen. Als Mastermind des Kirchenwirts in Zederhaus leistet er seit Jahren einen unersetzlichen Beitrag für das leibliche Wohl der Skitourengeher. Zweitens kennt er als Skitourengeher die Gegend um Zederhaus so auswendig wie seine Gaststube. Peter weiß fast immer, wo die Verhältnisse am besten sind.

Wie es ihm gelingt, seine beiden Leidenschaften unter einen Hut zu bringen, das wissen nur Gott und seine Frau Kordula. Seine Gäste rätseln weiterhin. Entweder ist Peters Hut riesengroß oder er bewegt sich mit Lichtgeschwindigkeit. Weil man Peter selten mit Hut sieht, ist die Lichtgeschwindigkeitstheorie deutlich weiter verbreitet. Nach einer Tour in Zederhaus muss man einfach beim Kirchenwirt vorbeischauen. Erstens, damit man ein gutes Essen bekommt und zweitens, damit man weiß, wo der Pulver noch liegt.

Daten & Fakten zur Tour

Ausgangspunkt
Parkplatz Wald (1330 m)

Anfahrt
Von der A 10 bei Zederhaus abfahren und in nordwestlicher Richtung in das Riedingtal. Parkplatz nahe dem Tunnelportal bei einer Trafostation.

Aufstieg und Abfahrt
Von der Trafostation bis zum Mautschranken am Beginn des Riedingtals. Nun rechts (ostwärts) auf einer Almstraße zur Neuseßwirtalm (1450 m). Von der Alm weiter entlang des Großen Kesselbachs bis zur Muhreralm (1659 m). In weitem Linksbogen unterhalb der Rettenwand bis zur Kößlerhiasalm (1790 m). Von dort aus südwärts, vorbei am mächtigen Entlüftungsschacht des Tauerntunnels über einige Gräben zum Gipfel. Abfahrt entlang der Anstiegsspur. Zu empfehlen ist, nicht den ganzen Bogen bis zur Kößlerhiasalm auszufahren, sondern vorher nordostwärts durch Gräben zur Urbanbauernalm abzubiegen.

Weitere Touren in der Umgebung
→ Labspitze (2223 m)
→ Taferlscharte (2236 m)

Das ist besonders
Seine ausgefeilte Flurkenntnis behält Peter Gruber nicht für sich. Beim Kirchenwirt können freundliche Menschen Auskünfte über die Bedingungen vor Ort einholen. So viel Altruismus ist selten.

Abendliches Socializing für Tourengeher

Lage
Schladminger Tauern

Gipfel
Hochwurzen (1850 m)

Einkehr
Hochwurzenhütte (1850 m)

Anforderung im Aufstieg
708 Hm, 2 h

Kondition ●●○○○
Technik ●○○○○
Gesamt ●●○○○

Hochwurzen ↗ 1850 m

Wenn an Tagen mit vollem Terminkalender oft nur der spätere Abend bleibt, um sich zu bewegen, punktet die Pistentour auf die Hochwurzen mit Praktikabilität und Genuss.

Lange bevor rund um das Skitourengehen ein Trend bis hin zur Massenbewegung entstand, waren Tourengeher auf der Hochwurzen nicht nur geduldet, sondern stets willkommen. Ein wertschätzendes Miteinander und die Bereitschaft, gemeinsam nach Lösungen zu suchen, werden unter den Betreibern dort seit jeher hochgehalten – selbst als es durch den massiven Andrang auch mal schwierig wurde.

Oft wimmelt es auf der Hochwurzen nur so vor Wintersportbegeisterten aller Art, doch können sich Tourengeher am linken Pistenrand sicher fühlen: Eine eigene und von der Skipiste getrennte Aufstiegsspur gewährleistet, die Pisten weder queren noch mit der jeweils anderen Wintersportspezies teilen zu müssen. Die lohnende Abfahrt ist es dann, was den Tourengeher letzten Endes doch mit dem Skifahrer vereint.

Vom Parkplatz der Mittelstation führen die rund 800 Höhenmeter linker Hand entlang des Waldes und durch eine Waldschneise zur Bergstation der Obertalbahn. Von dort geht es optional durch den Wald entlang einer beschilderten Aufstiegsroute oder aber weiterhin linker Hand nach oben in Richtung Seiteralm. Ab dort ist die Gipfelstation zu sehen, wenngleich es noch viele einzelne Schritte braucht, um diese auch zu erreichen.

Wer ab dem 25. Dezember nach 19 Uhr startet, genießt nicht nur Beleuchtung und eine frisch präparierte Piste, sondern auch ein wenig Stille – denn die Pistenarbeiten sind zu diesem Zeitpunkt abgeschlossen.

Oben anzukommen ist auch nach unzähligen Touren immer wieder ein erfüllendes Erlebnis. Je nach Witterung kann es dort auf 1850 Metern über dem Meeresspiegel schon richtig »zahnig« werden, insbesondere weil im letzten Abschnitt gern ordentlich der Wind bläst. Sich dann »trockenzulegen« hat schon was und der gemütlichen Einkehr steht nichts mehr im Weg. Der Treffpunkt auf der Hochwurzenhütte hat sich bei vielen bereits als wöchentliches Winterritual eingebürgert, und das aus guten Gründen: eine traumhafte Aussicht auf das nächtliche Treiben im steirischen Ennstal, schmackhaftes Essen und gute Freunde – eben alles, was Herz und Magen erfreut.

Daten & Fakten zur Tour

Ausgangspunkt
Talstation Hochwurzenbahn

Anfahrt
Von Schladming über die L 722 nach Rohrmoos. Am Kreisverkehr nach circa 2,5 km geradeaus weiter durch das Dorfzentrum von Rohrmoos und noch circa 2 km weiter bis zum Parkplatz an der Talstation der Gipfelbahn Hochwurzen.

Aufstieg und Abfahrt
Von der Talstation der Gipfelbahn Hochwurzen geht es die Piste 33 entlang. Einfache Orientierung: immer links halten! Dort ist die durchgehend angelegte Spur für Tourengeher reserviert für 5 Euro Beitrag – wenn man keine Saisonkarte hat. Diesen Wertschätzungsbeitrag auch wirklich zu leisten, ist Sache der Etikette. Die Route führt vorbei an der Bergstation der Obertalbahn und der Seiterhütte.

Weitere Touren in der Umgebung
→ Rossfeld (1919 m)
→ Guschen (1982 m)

Diese Vereinbarungen ermöglichen ein freudvolles Miteinander
→ Aufstieg und Abfahrt zwischen 19.00 und 23.00 Uhr
→ Von unten bis oben linker Hand aufsteigen
→ Stirnlampe für Aufstieg benutzen

Eine wilde Ecke

Lage
Schladminger Tauern

Gipfel
Sonntagkarzinken (2243 m)

Einkehr
Waldhäuslalm (1032 m),
Gasthof Weiße Wand (1047 m)

Anforderung im Aufstieg
1200 Hm, 3,5 h

Kondition ●●●○○
Technik ●●●○○
Gesamt ●●●○○

Sonntagkarzinken ↗ 2243 m

Vielleicht ist ja die Vorsilbe schuld, dass das Untertal in den Schladminger Tauern ein eher unauffälliges Dasein fristet. Das benachbarte Obertal klingt da schon ein wenig verheißungsvoller. Doch man soll sich nicht von Namen täuschen lassen. Das Untertal ist nämlich der direkte Weg in eine der wildesten Ecken der Schladminger Tauern.

Richtig offensichtlich ist die Einfahrt ins Untertal ja nicht und im winterlichen Trubel des Schladminger Ortsteils Rohrmoos muss man schon genau schauen, um an der richtigen Abzweigung einzufädeln. Über eine kleine Anhöhe taucht man schließlich hinab und plötzlich ist es, als wäre man durch eine Türe hindurch in einen anderen Raum getreten. Kein buntes Skipublikum säumt die Straßen, keine Chalets zieren deren Ränder, kein Halligalli. Fast scheint es, als hätte die ausufernde touristische Infrastruktur, die sich im Ennstal breitmacht, abrupt vor einer unsichtbaren Schwelle haltgemacht. Die Hänge hier sind steil und dicht bewaldet, die Häuser im engen Tal rare Begebenheiten. Die auffällig schön angelegte Loipe, die sich auf der Talsohle dahinschlängelt, ist der einzige Hinweis darauf, dass im Untertal Wintersport betrieben werden kann.

Ein idealer Auftakt

Was man als Neuling im Tal nicht weiß – und aus Mangel an Hinweisen auch nicht erahnen kann –, ist der Umstand, dass die Straße, auf der man unterwegs ist, nicht eine x-beliebige Asphaltader ist, sondern eine Arterie, die mitten ins Herz der Schladminger Tauern führt. Am Schluss des Untertals thronen mit Hochgolling (2862 m), Großes Gangl (2602 m) und Greifenberg (2618 m) drei Giganten dieser Gebirgsgruppe. Aufgrund einer leichten Rechtsbiegung des Tals sieht man diese berggewordene Dreifaltigkeit erst, wenn man ihr schon unausweichlich nahe ist. Dafür ist der Anblick der Gipfel dann aber ganz großes Kino.

So weit kommt es allerdings gar nicht, wenn man »nur« auf den Sonntagkarzinken will. Der ist zwar auch »gleich beim Hochgolling«, wie man, um ihn schnell geografisch zu verorten, lässig zu sagen pflegt, aber um einiges zugänglicher. Seine Besteigung ist daher der ideale Auftakt, um dieses wilde wie einsame Tal näher kennenzulernen und sich eines Tages bis ganz an sein Ende zu wagen.

Eine seltene Spezies

Tourengeher sind im Untertal bisweilen eine eher seltene Spezies. Das liegt vor allem daran, dass die Einsamkeit des Tales auch vom Wild als Rückzugsort geschätzt wird. Aufgrund der in den Wäldern verteilten Fütterungen sind deswegen nur wenige Gipfel zugänglich.

Der Ausgangspunkt von zweien davon, dem Sonntagkarzinken (2243 m) und der weitaus anspruchsvolleren Wasserfallspitze (2507 m), ist ein Parkplatz gleich bei einer Brücke nur wenige Hundert Meter nach der Waldhäuslalm (1032 m). Hier quert man einen sanften Hang, bis man auf einer Forststraße landet, die in weiterer Folge auf dem Rücken links des Herzmaiergrabens verläuft. Recht gemütlich legt man auf ihr die ersten 400 Höhenmeter zurück.

Falsche Fährte

Auf einer Höhe von ungefähr 1500 Metern öffnet sich Linkerhand das Gelände und gibt einen einladend flachen Hang frei. Zumeist befindet sich hier eine Aufstiegsspur, doch wenn man auf den Sonntagkarzinken will, ist das leider die falsche. Sie führt zur Herzmaieralm und durch das Herzmaierkar zur Wasserfallspitze.

Zum Sonntagkarzinken bleibt man auf der Forststraße und folgt dieser nordwärts um einen steilen Bergrücken herum bis man die Seekaralm erreicht. Auf einen Lärchenhang folgt freies Gelände, das man in einem Rechtsbogen bis zum Seekarsee (1888 m) durchquert. Mit Blick auf die Schneelage in den Hängen oberhalb wird dieser linker Hand umgangen. Durch ein Muldensystem erreicht man schließlich das Gipfelkar bis zum Nordkamm. Mittels einer Linkskehre gelangt man problemlos zum Gipfel. Abgefahren wird durch das weitläufige Seekar bis man wieder die Forststraße erreicht.

Kulinarische Doppelkonferenz

Was die kulinarischen Möglichkeiten betrifft, ist das Untertal sehr gut aufgestellt. Obwohl eher zurückhaltend besiedelt, befinden sich nur wenige Hundert Meter voneinander entfernt gleich zwei Gaststätten, die einen Besuch wert sind: die Weiße Wand Alm und die Waldhäuslalm.

Da es unmöglich ist, die eine der anderen vorzuziehen, müssen beide beschrieben werden. In puncto Urigkeit hat die gut 300 Jahre alte Weiße Wand Alm die Nase vorn. Hier herrscht eine Atmosphäre wie zu Urgroßmutters Zeiten. In der holzverbalkten Stube knistert ein Feuer, und dem Gemurmel an den kleinen Tischen mischen sich Geräusch der klappernden Töpfe und die Gerüche des bald aufgetischten Gerichts aus der Küche nebenan bei. Glücklich, wer einen Platz gefunden hat, denn allzu groß ist diese Zeitmaschine in Form einer Stube nicht. Bei genügend Andrang kann es vorkommen, dass man mit knurrendem Magen von dannen ziehen muss.

Mehr einem Gasthaus als einer Alm ähnelt die Waldhäuslalm. In der gemütlichen Stube hat man Platz ohne Ende und auf der Karte finden sich vom Seesaibling aus dem hauseigenen Teich bis hin zum Gulasch vom Untertaler Hirschen alles, was sich ein hungriger Tourengeher wünscht.

Daten & Fakten zur Tour

Ausgangspunkt
Wanderparkplatz Sondlalm, rechts einer Brücke

Anfahrt
Auf der B 146 bis Schladming, hier südwärts Richtung Rohrmoos. Beim Kreisverkehr Richtung Obertal, nach gut einem Kilometer links abbiegen ins Untertal. Nun wird bis zur Sondlalm kurz vor das Gasthaus Weiße Wand hinaufgefahren.

Aufstieg und Abfahrt
Über einen sanften Hang auf die Forststraße und dann über mehrere lange Serpentinen bis zu einer markanten Abflachung und dann weiter zur Seekaralm. Dann in einem Bogen zum Seekarsee (1888 m) hinauf. Diesen links queren und über ein Kar zum Nordkamm. Von dort auf den Gipfel mit Vermessungsstange. Die Abfahrt erfolgt durch das weite Kar, bis man wieder auf die Forststraße gelangt.

Weitere Tour in der Umgebung
→ Wasserfallspitze (2507 m)

Dass am Schönwetter immer Schönwetter herrsche, ist ein bisschen viel verlangt. Einen gemütlichen Anstieg und eine feine Abfahrt über seine Südflanke hat dieser Berg aber immer zu bieten.

Schönwetter ↗ 2144 m

Keine Frage des Wetters

Lage
Schladminger Tauern

Gipfel
Schönwetter (2144 m)

Einkehr
Gasthof Zum Gamsjäger

Anforderung im Aufstieg
1000 Hm, circa 2,5 h

Kondition ⬤⬤⬤○○
Technik ⬤⬤○○○
Gesamt ⬤⬤⬤○○

Ganz hinten im Sölktal, unterhalb des Mitterecks (2284 m) und am Zusammenfluss von Bräualmbach und Großsölkbach, liegt ein kleiner Ort namens Sankt Nikolai. Im Sommer nehmen die meisten Menschen – viele davon auf Motorrädern – Kurs auf Sankt Nikolai nur, um daran vorbeizufahren. Dort ist man's gewöhnt, denn das gehört zum Schicksal einer Ortschaft, die am Beginn einer beliebten Passstraße, jener auf den Sölkpass, liegt. Zum Auffüllen der leeren Tanks legt man dann aber doch einen Stopp in Sankt Nikolai ein. Tankstelle gibt es dort keine, aber die leiblichen Tanks möchte man ohnehin nicht mit Benzin fluten. Bier und Braten im Gasthof Zum Gamsjäger sind da die sinnvollere Alternative.

Ein Hauch von Alaska

Im Winter hat sich da, wo vor Monaten noch der Asphalt flimmerte und es nach rauchenden Bremsen und schmelzenden Kupplungen roch, eine mannshohe Schneewand gebildet, die einem stoisch ihre Undurchdringlichkeit entgegenhält. Unter dieser hält der Asphalt seinen Winterschlaf. Schade, denn Kammkarlspitz (2248 m), Schafdach (2314 m) und Rettlkirchspitze (2475 m) – allesamt Gipfel rund um die Passhöhe – sehen zum Anspuren gut aus. Mit ihren weiten, nach allen Seiten hin unverstellten Hängen sehen sie aus, als wäre ihnen ein großes weißes Tuch übergeworfen worden. Ein wenig erinnern diese weißen Zelte damit an entlegene Berglandschaften in Alaska. Für eine schnelle Skitour ist aber auch das »Sölktaler Alaska« nicht ganz das Richtige. Außer man ist ein Anhänger nicht enden wollender »Forststraßen-Hatscher«.

Der Große Knallstein ist mit seinen 2599 Metern eines der alpinen Aushängeschilder im Sölktal, verlangt einem aber auch so einiges ab. Ganz im Gegensatz zu seinem nordöstlich gelegenen Nachbarn, der auf den freundlichen Namen Schönwetter (2144 m) hört. Auch wenn man gegenüber des Großen Knallsteins umherspaziert, bleibt ausreichend Zeit, um den Blick auf seine steile Nord- und Ostwand zu heften. Dabei kann man durchaus spüren, wie die schroffe Aura herüberschwappt und den Magen kurz mal aushebt.

Steine so weit das Auge reicht

Der Weg auf den Schönwetter ist einfach. Er erfolgt über die Loipe bis zu einem Wegweiser am südlichen Ende von Sankt Nikolai. Über die markierte Forststraße gelangt man zur Kaltherberghütte (1608 m). Das klingt nicht unbedingt nach einer warmen Stube, aber da die Hütte nicht bewirtschaftet ist, erübrigt sich das Nachdenken über eine Einkehr ohnehin.

Von hier aus steigt man weiter in Richtung Nordwesten über einige Geländestufen hinauf in ein einladendes Hochtal (circa 1750 m): Linker Hand prangt der Große Knallstein (2599 m) mit seiner abweisenden Nordostseite, rechts funkelt die Südflanke des Schönwetter in der Sonne. Gerade am östlichen Anfang ist diese recht steil und so sollte man speziell dann, wenn der Schnee frisch gefallen und die Sonne im Frühjahr stark ist, einen Respektabstand halten.

Das Hochtal wird von einer Steilstufe begrenzt, die man mit einigen Spitzkehren überwindet, um zur Steinkarlscharte (1954 m) zu gelangen. Diese verbreitert sich schnell zu einem Rücken, den man bis zum Gipfel (2144 m) nicht mehr verlässt. Die Abfahrt erfolgt dann über die Flanke über das Hochtal zurück zur Kaltherberghütte.

Gasthof Zum Gamsjäger

Der Gasthof Zum Gamsjäger ist *the place to be* in Sankt Nikolai. Wer eine Skitour im hinteren Sölktal macht, kommt an der gastronomischen Institution des Tals nicht vorbei. Wie der Name schon sagt, war das Haus einst Treffpunkt der Jägerschaft, doch das hat sich zumindest während des Winters geändert. Statt Flinten lehnen Tourenski an der Wand. Die »Kasnocken mit Steirerkas« sind die Spezialität des Hauses. Sie gehören nach wie vor zu den Besten weit und breit. »Steirerkas« wird bereits seit dem Mittelalter produziert und diente dem Gesinde im 17. Jahrhundert als Grundnahrungsmittel. Er wird aus gereiftem Topfen hergestellt, mit Salz und Milch versetzt und mit Kümmel und Pfeffer gewürzt.

Daten & Fakten zur Tour

Ausgangspunkt
Hinter dem Gasthof Zum Gamsjäger

Anfahrt
Auf der Ennstal Straße (B 320) von Radstadt oder Liezen kommend bis Gröbming (alternativ auch in Pruggern beziehungsweise Espang abfahrend). Dort nach Stein an der Enns und ins Großsölktal nach St. Nikolai im Sölktal.

Aufstieg und Abfahrt
Über die markierte Forststraße am Ortsende von Sankt Nikolai zur Kaltherberghütte (1608 m). In nordwestlicher Richtung in ein Hochtal, das von der Steinkarlscharte (1954 m) begrenzt wird. Von hier über einen breiten, oft abgeblasenen Rücken zum Gipfel. Abfahrt über die Südflanke.

Weitere Touren in der Umgebung
→ Krautwasch (2283 m)
→ Schafdach (2314 m)

mittendrin
Schönwetter

Viele Skifahrer rauschen auf der B 320 Richtung Schladming und haben das Dachsteinmassiv im Kopf. Die unscheinbare Abfahrt Richtung Donnersbachwald fällt ihnen kaum auf. Dabei würde es sich gerade hier lohnen, abzubiegen. Edelgries gibt es dort zwar keines, aber dafür jede Menge edler Skitouren.

Großes Bärneck ↗ 2071 m

Die verborgene Abzweigung

Lage
Wölzer Tauern

Gipfel
Großes Bärneck (2071 m)

Einkehr
Mörsbachwirt (1300 m)

Anforderung im Aufstieg
1028 Hm, 4 h

Kondition ●●●○○
Technik ●●●○○
Gesamt ●●●○○

Kleine Ortschaften, die weit hinten in Tälern liegen, haben es nicht immer leicht. Auf einen Sprung schauen Auswärtige gern mal vorbei, aber hier leben: Nein danke! Landflucht ist in vielen von ihnen mittlerweile traurige Realität, Ortskerne veröden. Donnersbachwald ist da eine positive Ausnahme. Im Windschatten von Schladming hat man es hier geschafft, ein kleines, aber feines Wintersportrefugium zu schaffen und das, ohne Tradition und Seele zu verkaufen. Das, wie der Betriebsleiter betont, »energieneutrale« Skigebiet ist mit drei Liftanlagen wunderbar überschaubar. Statt in Bettenburgen nächtigt man in beschaulichen Apartmenthäusern. Diese unaufdringliche Strategie trägt schon länger Früchte. Mittlerweile ist auch hier einiges los, doch der Tourismus, der sich entwickelt hat, ist von der sanften Sorte. Auch als Skitourengeher kommt man gern in diese Ecke. Rund um das Große Bärneck versteckt sich nämlich hervorragendes Skigelände.

Ein moralisches Dilemma

Die Skitour auf das Große Bärneck startet beim Parkplatz im Ortszentrum. Orientierungsprobleme sind auf der präparierten Forststraße Richtung Vordere Mörsbachalm keine zu erwarten, wohl aber der eine oder andere Rodler, der wie aus dem Nichts aus der Kurve gedriftet kommt. Nach einer knappen Stunde erreicht man den Mörsbachwirt, aus dessen Küchenfenster es verführerisch duftet. Genau diese Situation stellt Skitourengeher vor ein ernsthaftes Dilemma: Zwischenstopp einlegen oder weitergehen? Wobei diese Frage eigentlich nur hypothetischer Natur ist. Wer sich im gemütlichen Mörsbachwirt (1300 m) bei Kaffee und Kuchen erst mal niedergelassen hat, dessen Tourentag ist definitiv zu Ende. Das würde zwar keineswegs einen schlechten Tag bedeuten, ein wenig schade wäre es aber schon um das Große Bärneck, das am Ende des Mörsbachtals im ersten Licht badet. Und bei Theo kann man am Rückweg ja sowieso stehen bleiben.

Auf der weiterhin präparierten Forststraße geht es nun mit gemächlicher Steigung zur Hinteren Mörsbachalm (1483 m). Nun folgend wird der Anstieg, der von den Einheimischen »Guglhupf« genannt wird, etwas steiler bis er sich nach und nach in ein weites, deutlich flacheres Kar verwandelt, an dessen Ende das Große Bärneck mit seiner Nordflanke thront. Auch wenn es technisch wohl möglich wäre, der beinahe Direttissima des Sommerwegs zu folgen, schwenkt man nun, das Kar verlassend nach Osten und steuert einen markanten Rücken an, über den man auf den Gipfel gelangt. Diese kurze Passage ist durchaus mit Vorsicht zu genießen, es empfiehlt sich auf jeden Fall ein Sicherheitsabstand.

Auch in Richtung Westen wird man unten im Kar stehend eine Aufstiegsoption vermuten. Doch der Hang, der direkt aufs Kleine Bärneck (2037 m) führt, ist steil und schon des Öfteren Schauplatz eines Lawinenabgangs gewesen. Von hier über den Grat auf das Große Bärneck zu gelangen, erweist sich trotz der Nähe schwieriger als gedacht.

Vom Großen Bärneck fährt man entweder im Bereich der Aufstiegsspur ab oder wählt, wenn es die Bedingungen zulassen, eine direkte Variante durch die steile Nordseite.

The one and only Theo

Theobald »Theo« Dürr ist seit 42 Jahren Gastwirt, aber eigentlich ist er mehr als das: Er ist eine Institution im Mörsbachtal. Nachdem er 22 Jahre lang die Mörsbachhütte des Alpenvereins in Donnersbachwald geführt hatte, eröffnete er 1999 gleich nebenan seinen eigenen Gastrobetrieb: den Mörsbachwirt.

Durch unermüdlichen Einsatz hat die Familie Dürr viele Spuren hinterlassen und dabei handelt es sich ausnahmslos um schöne. Dieser Platz verdient das Prädikat »kleines Paradies« mehr als zu Recht. Paradiesisch gut wird es, wenn man beim Mörsbachwirt einkehrt. In die Menügestaltung fließt ein, was ringsum wächst: Preiselbeeren, Heidelbeeren, Pilze, Almkräuter und sonst noch vieles, was die Umgebung der Alm zu bieten hat. Für Skitourengeher führt kein Weg am Mörsbachwirt vorbei, so viel steht fest.

Daten & Fakten zur Tour

Ausgangspunkt
Kostenloses Parken beim großen Parkplatz im Ortszentrum.

Anfahrt
Von der Ennstalbundesstraße (B 320) an der Kreuzung Trautenfels Richtung Irdning, Donnersbach, Donnersbachwald abzweigen. Durch den Ort Donnersbach und weitere zwölf Kilometer bis nach Donnersbachwald ins Ortszentrum.

Aufstieg und Abfahrt
Forststraße bis zur bewirtschafteten Vorderen Mörsbachalm. Von dort zur Hinteren Mörsbachalm (1482 m) dann steil in ein weites Kar. Kurz vor dessen Ende nach Osten und dann steil auf einen ausgeprägten Rücken. Nun leicht ansteigend auf den Gipfel des Großen Bärnecks (2071 m).

Abfahrt bei sicheren Verhältnissen nach Westen und steil in das Kar hinunter. Bei nicht sicheren Verhältnissen ab dem Gipfel im Bereich der Aufstiegsspur.

Weitere Touren in der Umgebung
→ Kleines Bärneck (2037 m)
→ Riesnerkrispen (1922 m)

Kulinariktipp
Seit Theo im eiskalten Bachwasser einen Teich angelegt hat, gibt's in seiner urigen Hütte auch frischen Fisch.

Wild, geheimnisvoll und vor allem schneereicher als sein Ruf. Den Überraschungseffekt hat der Osten mit Sicherheit auf seiner Seite.

gegen Osten

Die Bärenalm im Winterschlaf

Lage
Totes Gebirge

Gipfel
Steinerspitz (1203 m)

Einkehr
Almgasthof Baumschlagerreith,
Café Fleischerei Hinterstoder

Anforderung im Aufstieg
530 Hm, 1,5 h

Kondition ●○○○○
Technik ●○○○○
Gesamt ●○○○○

Steinerspitz ↗ 1203 m

Die Skilifte sind abgebaut und eine selige Ruhe ist eingekehrt unterhalb der Bärenalm in Hinterstoder: Wo früher der Ski-Weltcup gastierte, fühlen sich heute Tourengeher zu Hause.

gegen Osten
Steinerspitz

So ein Winterschlaf tut nicht nur Meister Petz gut. Wer die Bärenalm noch aus der Zeit kennt, als hier mit dem Skizirkus im übertragenen Sinne der Bär los war, der muss sich fast zwicken, um sie heute wiederzuerkennen. Mittlerweile sind die Lifte abgebaut und Stille ist eingekehrt unterhalb der Bärenalm. Heute gibt hier wieder die Natur den Takt vor.

Die Ausmaße des Skigebiets weit hinten im Stodertal waren zwar immer sehr überschaubar gewesen: ein Doppelsessellift, zwei Schlepplifte. Und doch fand an diesem Kleinod auch der alpine Ski-Weltcup Gefallen – im Jahr 2000 ein allerletztes Mal. Stangenartisten wie Kjetil André Aamodt und Vreni Schneider bretterten zu Siegen und ein gewisser Hermann Maier hamsterte, damals noch als Noname, auf der Bärenalm seine allerersten Weltcup-Punkte überhaupt ein.

Heute können auf den ehemaligen Pisten Skitourengeher (und solche, die es werden wollen) ihre Ideallinie finden – ganz ohne Torstangen und Zeitnehmung. Manche Bereiche wurden mittlerweile mit Jungwald aufgeforstet, um die machen wir natürlich einen Bogen. Wir finden noch immer genügend Platz, um die Natur wieder Natur sein zu lassen.

Unser heutiges Ziel, der Steinerspitz (1203 m), ist im Gegensatz zum Großen Priel auf der anderen Talseite zwar ein Zwerg, doch die wahre Größe einer Tour misst man nicht nur in relativer Höhe, sondern auch in absolutem Genuss. Und den bieten die sanften Hänge mit unglaublichen Ausblicken auf das Tote Gebirge allemal. Hütten sucht man auf der Tour vergeblich – doch spätestens ein paar Kilometer weiter beim Almgasthof Baumschlagerberg oder im Dorfkern in der »Fleischerei«, die, anders als der Name vermuten lässt, ein kleines Café mit ganz viel Charme ist – spürt man den Genuss für die Gaumen auf.

Vom gebührenpflichtigen Parkplatz weg folgen wir erst dem Sommer-Wanderweg und der alten Süd-Abfahrt, denn die unteren Teilstücke der ehemaligen Weltcup-Piste sind stillgelegt und aufgeforstet. Vorbei an der Unteren Buchebnerreith gelangen wir zur Jausenstation Schafferreith, die im Winter ebenso ruht. »Schau, wie die Schneeflocken auf meiner Nase tanzen«, sinniert Bettina und antwortet dem grauen Wolkenblues mit einem breiten Grinsen. Es ist bereits Mitte April, doch wir dürfen noch einmal über einen weißen Teppich flanieren.

Wie phänomenal das Panorama auf die gegenüberliegenden Prachtberge des Toten Gebirges ist, haben wir zum Glück vor geistigen Augen. Das geflockte Grau macht uns heute nichts, vielmehr freuen wir uns auf eine staubende Abfahrt, bei der wir uns über die Lawinengefahr aufgrund der geringen Steilheit nur wenig Gedanken machen müssen.

Nach 500 Höhenmetern erreichen wir das geschlossene Berghaus und folgen für ein paar Minuten einem tief verschneiten Forstweg bis zum höchsten Punkt des Steinerspitz, der auch Schafferkogel genannt wird. Die Aussicht wird zwar nicht mehr besser, doch immerhin verlängern wir unsere Pulverschnee-Abfahrt. Bei sehr sicheren Verhältnissen kann man vorher schon in Richtung Türkenkarscharte abbiegen zu anspruchsvolleren Gipfelzielen wie die Kleine Scheibe. Wir schwingen heute lieber entspannt über den noch unverspurten Nordhang zurück. Ehe wir im unteren Bereich wieder über den Waldweg ausweichen, blicken wir grinsend zurück und nicken uns zu: Oh ja, einmal geht's noch!

Kulinariktipp
Im Café »Fleischerei« wärmen eine Kumarasuppe mit Ingwer und »der beste Schokokuchen der Welt«, wie Inhaberin Yvonne O'Shannassy Gusto macht. Sie muss es wissen – die sportliche Weltenbummlerin hat schon viele probiert.

Daten & Fakten zur Tour

Ausgangspunkt
Parkplatz Bärenalm, Hinterstoder

Anfahrt
Über die Pyhrnautobahn A 9, Abfahrt St. Pankraz/Hinterstoder, bis nach Hinterstoder. Durch den Ort hindurch bis zum Parkplatz des ehemaligen Skiliftes Bärenalm.

Aufstieg und Abfahrt
Auf der aufgelassenen Piste entlang des Sommerweges geht es zur Unteren Buchebnerreith (Jungwald meiden). Von dort weiter über den steilen Nordwesthang oder gemütlicher im Bogen über die Schafferreith zur alten Lift-Bergstation (1150 m). Der Weiterweg zum Schafferkogel-Gipfel (auch Steinerspitz genannt, 1203 m) bringt zwar keine bessere Aussicht mehr, dafür noch ein paar Höhenmeter.

Variante
Vom stillgelegten Berghaus bieten sich zwei Abfahrten an – entweder entlang der Aufstiegsroute oder alternativ über den etwas steileren Nordwesthang und damit den oberen Teil der früheren Weltcup-Piste (Zamseggerreith). Die Tour lässt sich auch zur Türkenkarscharte und zur Kleinen Scheibe (1836 m) verlängern, wird damit aber auch doppelt so lang und anspruchsvoller.

Wer doch lieber Gondeln, Skihütten und präparierte Pisten sucht, findet sie sechs Kilometer weiter talauswärts auf der Höss.

Weitere Touren in der Umgebung
→ Kleine Scheibe (1836 m)
→ Hirscheck (2071 m)

Wie ein Schmuckkästchen steht die Dümlerhütte am nordöstlichen Ende des Toten Gebirges – und tischt auf der Sonnenterrasse neben rustikalen Gipfeln auch regionale Gaumenfreuden auf.

Rote Wand ↗ 1872 m

Wo die Gipfel- auf Gaumenfreude trifft

Lage
Warscheneckgruppe

Gipfel
Rote Wand (1872 m)

Einkehr
Dümlerhütte (1495 m)

Anforderung im Aufstieg
1400 Hm, 5,5 h

Variante
Mit Liftunterstützung von der Wurzeralm spart man sich 600 Hm, 1,5 h

Kondition ●●●●○
Technik   ●●●○○
Gesamt   ●●●●○

gegen Osten
Rote Wand

Kulinariktipp

Erst die Kaspressknödelsuppe, dann der Apfelstrudel. Oder doch lieber die Jause mit dem selbst gemachten Speck? Wer die regionalen Schmankerln in der Speisekarte aufblättert, hat die Qual der Wahl …

Besser wir kommen ihm nicht noch näher. Aufgeplustert hat er sich und sein schwarzes Federkleid breit aufgefächert. Zur Balzzeit hat der Auerhahn wohl Besseres zu tun, als mit uns Skitourengehern anzubandeln. Kurz beobachten wir den Prachtkerl noch mit Respektabstand – so ein stolzes Federvieh läuft einem schließlich nicht alle Tage über den Weg. Auf ungefähr halber Strecke zwischen Roßleithen und der Dümlerhütte hat der Auerhahn im Lärchenwald sein Platzerl gefunden. Keine Stunde später erreichen wir unseren Lieblingsplatz – eine Märchenwiese tut sich plötzlich auf. Mit Lärchenschindeln beschlagen und einer Steinsockelfassade umfasst thront die Dümlerhütte wie ein kleines Schmuckkästchen auf der Stofferalm auf 1495 Metern Seehöhe. Hinter ihr ragt der wuchtige Warscheneck-Stock zum Himmel. Wir befinden uns in den nordöstlichen Ausläufern des Toten Gebirges, einer ebenso wilden wie weitläufigen Landschaft.

Der beliebteste Anstieg führt von Roßleithen in zweieinhalb Stunden über den Sommerweg zur Dümlerhütte – vorbei am Sensenwerk, der Tommeralm, mal auf Waldwegen, mal auf Forststraßen. Fragt man Harry Höll, der als Hüttenwirt ebenso erfahren und eloquent ist wie als Bergführer, bekommt man einen anderen Tipp serviert: eine Rundtour zu seiner Hütte mit einem Abstecher auf die Rote Wand.

Dafür starten wir in Spital am Pyhrn auf der Wurzeralm. Neben der Skipiste ist eine Spur für Tourengeher angelegt. Weniger strammen Waden hilft die Standseilbahn auf den ersten 600 Höhenmetern. Von der Bergstation fahren wir auf den Teichlboden hinab und schon lassen wir das Skigebiet hinter uns. Zwei Optionen stehen offen: Tourengeher mit Spitzkehren-Erfahrung können über den Brunnsteinersee aufsteigen. Es geht eindrucksvoll unter der überhängenden roten Felswand vorbei bis in den Rote-Wand-Sattel. Man mag kaum glauben, dass es über die zweite Variante, den Hals-Sattel, auch sanfter zum exponierten Gipfel geht. Insgesamt ist nach der Filzmoosalm im kupierten Gelände durch Lärchen- und Zirbenwald etwas Orientierung nötig. Vom Hals kommt man in einer halben Stunde, in einem Ab und einem Auf, auch direkt und einfacher zur Dümlerhütte.

Egal ob mit oder ohne Gipfelkreuz – spätestens bei Harry und Roswitha folgt ein Höhepunkt der kulinarischen Sorte. Eine Empfehlung mag der Hüttenwirt keine abgeben. »Alles ist gut, das ist ja das ›Problem‹«, sagt Harry augenzwinkernd, aber hebt dann doch die Kaspressknödelsuppe und Käsespätzle hervor. »Im Winter liegt auch der Apfelstrudel sehr weit vorn.«

gegen Osten
Rote Wand

Sicher kann man sich sein, dass nur das Beste auf den Tisch kommt. Harry Höll und sein Team legen großen Wert auf die Qualität und Regionalität und drücken das mit dem »So schmecken die Berge«-Gütesiegel aus.

»Fast alles in unserer Küche kommt aus einem Radius von 50 Kilometern«, sagt Harry. Steht er auf der Terrasse und zeigt auf bestimmte Bauernhöfe im Tal, kann er mit Stolz sagen: »Das Vieh, das dort unten weidet, kommt dann zu uns.«

Seit dem Umbau spielt auch die Hütte selbst alle Stückerl. Das i-Tüpferl ist eine nagelneue Terrasse. Hier schmecken in der Wintersonne die Berge besonders gut – und bei dieser Hammer-Aussicht freut man sich doch glatt schon wieder auf den Verdauungsspaziergang zurück zur Wurzeralm. Doch vorher noch bitte: einen Apfelstrudel.

Daten & Fakten zur Tour

Ausgangspunkt
Wurzeralm, Spital am Pyhrn

Anfahrt
Über die A 9 Pyhrnautobahn zur Ausfahrt Spital am Pyhrn und auf der B 138 weiter zum Skigebiet Wurzeralm. Von Süden auch direkt über Liezen und den Pyhrnpass möglich. Achtung: Auch Skitourengeher müssen für den Parkplatz und die Pistenbenutzung zahlen. Nach Roßleithen über die A 9 Ausfahrt Windischgarsten/Roßleithen.

Aufstieg
Mit der Standseilbahn oder auf der Skitourenspur auf die Wurzeralm (1420 m). Im Skigebiet kurz bergab auf den Teichlboden (circa 1350 m) und rechts haltend zu den Hütten der Filzmoosalm. Von hier im Graben in nordöstlicher Richtung über den Sommerweg bis zum Halssattel (1600 m) folgen. Von hier erreicht man in nördliche Richtung erst ab- und dann aufwärts in einer halben Stunde die Dümlerhütte. Für den Gipfel vom Hals südlich über eine kleine Steilstufe auf den flachen Rücken des Mitterbergs und nach Südwesten queren. Durch Wald und später Latschen zum flachen Gipfelhang. Achtung, der Gipfel fällt nach Südwesten steil ab. Vom Gipfel kurz etwas steiler in den Rote-Wand-Sattel und in nordöstlicher Richtung hinab zur Dümlerhütte.

Variante
Geübte Tourengeher können vom Teichlboden über den Brunnsteinersee direkt unter der imposanten Roten Wand in den Sattel aufsteigen. Von dort in einer Viertelstunde auf den Gipfel.

Weitere Tour in der Umgebung
→ Warscheneck (2388 m)

Großartige Runde mit einem Grande Finale: Der letzte Schwung nach viel Pulverschnee und noch mehr Panorama endet nach der Karleck-Runde direkt vor der gemütlichen Bosruckhütte.

Rund ums Karleck ↗ 1582 m

Kleiner feiner Winterzauber

Lage
Haller Mauern

Gipfel
Karleck (1582 m)

Einkehr
Bosruckhütte

Anforderung im Aufstieg
540 Hm, 3,5 h

Variante
Karleck-Gipfel (1582 m), 560 Hm, 2 h

Kondition ●●○○○
Technik ●●○○○
Gesamt ●●○○○

Sanfter hätte sich das Karleck nicht in diese wilde Landschaft betten können. Als kleiner Waldrücken steht es zwischen seinen beiden schroffen und felsigen Nachbarn, dem Bosruck und dem Großen Pyhrgas. Gemeinsam bilden sie einen Teil der Haller Mauern, der Oberösterreich von der Steiermark trennt – und gleichermaßen verbindet. Das Örtchen Hall auf der steirischen Seite gibt den Haller Mauern ihren Namen. Das Echo, dass diese Gegend ebenso schön wie schneesicher ist, hallt auch weit ins Land ob der Enns hinaus. Spätestens seit die Weltklasse-Bergsteigerin Gerlinde Kaltenbrunner aus Spital am Pyhrn auf die 14 höchsten Berge dieser Erde gestiegen ist, ist es kein Geheimnis mehr, dass man hier besonders hoch hinauskommt.

So unscheinbar das Karleck auch ist, so scheinbar lieb gewonnen haben es immer mehr Tourengeher. Einsamkeit darf man hier nicht mehr suchen, dafür aber den Genuss und ein spitzenmäßiges Panorama. Die größte Hürde stellt an winterlichen Tagen die Zufahrt zum Parkplatz kurz vor der Bosruckhütte dar. Für die Bergstraße, die sich oberhalb der wunderbaren Dr.-Vogelgesang-Klamm aufwärts schlängelt, sind Schneeketten ein guter Rat.

Ab dort helfen uns aber auch schon die Felle weiter. Dank der 1000 Meter Seehöhe und der nordseitigen Lage pflügen wir gleich durch frischen Pulverschnee los. Zwei Wintermonate lang schirmt das Karleck die Sonne vor der Bosruckhütte ab, erst am 10. Jänner blinzelt sie bei der freundlichen Wirtsfamilie Nikoletta, Gabor und Dominik Pal wieder vorbei – jeden Tag etwas länger. Die urige Hütte, die bereits fünf Minuten hinter dem Parkplatz zur Einkehr lockt, heben wir uns aber für später auf. Vor der bodenständigen Speisekarte müssen wir uns erst noch in der Landkarte orientieren. Zwei Richtungen, zum Pyhrgasgatterl oder zum Arlingsattel, stehen uns offen – beide schön und keine schwierig. Heute biegen wir rechts ab, in Richtung Bosruck.

Über freie Hänge steigen wir aufwärts bis zu einem Forstweg, dem wir nach Südwesten folgen. Es geht vorbei an ein paar schönen, nicht bewirtschafteten Hütten der Arlingalm. Mit seinen schroffen Felsen türmt sich der winterliche Bosruck immer mächtiger über uns auf, während das Karleck von einem dichten Wald vor zu schnellen Vorstößen beschützt wird. Wenn wir uns vor den Almhütten links aufwärts halten, können wir seinen Gipfel ansteuern, am Ende über einen etwas steiler werdenden Rücken.

Heute wollen wir das Karleck auf seinen feinen Hängen umrunden. Nach einer Stunde sind wir im Arlingsattel (1425 m) angekommen. Die Gesäuseberge und Niederen Tauern fangen unseren Blick, während das Ennstal unter einer Nebeldecke schlummert. Zum Niederknien schön! Noch schöner sind nur die Schwünge hinunter in den Süden. Ein 200 Höhenmeter langer Genuss, den man bis in Richtung Ardningalm verlängern könnte. Wir aber ziehen unseren Brettern wieder ein Fell über und folgen der schwach ausgeprägten Forststraße bis zur Bacheralm. Von dort steigen wir auf zum Pyhrgasgatterl und fahren über Wander- und Fahrwege zurück zur Bosruckhütte. Der letzte Schwung ist der allerschönste – er endet direkt vor der Hüttentür und einem legendären Schweinsbraten.

Kulinariktipp

Der Schweinsbraten mit Speckkraut und Semmelknödel ist ein Dauerbrenner auf der Speisekarte. Sobald Heidelbeeren wachsen, werden sie selbst gepflückt und in einen himmlischen Topfen-Heidelbeer-Strudel verwandelt.

Daten & Fakten zur Tour

Ausgangspunkt
Parkplatz Bosruckhütte, Spital am Pyhrn

Anfahrt
Auf der Pyhrnautobahn A 9 bis zur Abfahrt Spital am Pyhrn, vom Süden kommend entweder durch den mautpflichtigen Bosrucktunnel oder über Liezen und den Pyhrnpass nach Spital. Vom Ort geht's in Richtung Dr.-Vogelgesang-Klamm (beschildert). Nun über die Bergstraße bis zum Parkplatz Bosruckhütte (1043 m), Schneeketten sind ratsam.

Aufstieg und Abfahrt
Vom Parkplatz zur Bosruckhütte über freie Hänge nach Süden aufsteigen bis zu einer Forststraße. Ihr folgen vorbei an den Hütten der Arlingalmen bis in den Arlingsattel (1425 m). Auf weiten Hängen abfahren in Richtung Süden bis zu einer Forststraße auf ungefähr 1200 m. Der Straße in nordöstlicher Richtung bis zur Bacheralm folgen und aufsteigen zum Pyhrgasgatterl. Abfahrt bis zur Bosruckhütte (Wander- und Fahrweg).

Variante
Wer möchte, kann den Karleck-Gipfel mit der Rundtour kombinieren und die Abfahrten je nach Lust und Laune verlängern. Man kann die Tour auch in entgegengesetzte Richtung gehen.

Weitere Touren in der Umgebung
→ Scheiblingstein (2197 m)
→ Großer Pyhrgas (2244 m)

Kleiner Nachbar im vergessenen Paradies

Lage
Rottenmanner Tauern

Gipfel
Kleiner Bösenstein (2395 m)

Einkehr
Alpenhotel Lanz (1275 m),
Edelrautehütte (1725 m)

Anforderung im Aufstieg
740 Hm, 2 h

Kondition ◉◉○○○
Technik ◉◉○○○
Gesamt ◉◉○○○

Kleiner Bösenstein ↗ 2395 m

Das Triebental, die Rottenmanner Tauern, sie liegen weithin als vergessenes Refugium still und einsam in unmittelbarer Nachbarschaft zum Bergdorf Hohentauern. Umso lohnender ist es, dieses Gebiet auf Skiern zu erkunden — umringt von Zweitausendern und einem Weitblick, der seinesgleichen sucht.

gegen Osten
Kleiner Bösenstein

Wahrlich, es gibt sie noch: die Geheimtipps in den österreichischen Alpen. Zu ihnen zählen zweifelsohne die Rottenmanner Tauern zwischen Sölkpass und Triebener Tauernpass. Wer auf eine Tour in dieses Refugium vordringt, findet eine Bergkulisse vor, die einen staunen macht und überraschend alpin anmutet. Wohlgemerkt: In stiller Einsamkeit, denn die Gipfel der Rottenmanner Tauern liegen weitgehend unberührt, ja, fast schon vergessen inmitten der Niederen Tauern. Totes Gebirge, Ennstaler Alpen, Seckauer Tauern, Schladminger Tauern, Dachstein – wie hingeworfen offenbart sich dieses Panorama den Gipfelaspiranten der Rottenmanner Tauern. Die Draufgabe zum Schluss: Man braucht sich all das nicht mühselig über Stunden zu erkämpfen, man bekommt es nachgerade geschenkt.

Ein Geschenk der Extraklasse

Der Ausgangspunkt liegt bereits auf über 1600 Metern, gerade einmal 740 Höhenmeter gilt es zu überwinden, um auf dem kleinen Nachbarn des höchsten Gipfels der Rottenmanner zu stehen: Der Kleine Bösenstein, er ist der kleine Bruder des Großen Bösensteins (2448 m), der – gemessen an den hiesigen Maßstäben der einsamen Region – doch vergleichsweise stark von Skitourengehern frequentiert sein kann. Der Kleine Bösenstein hingegen verspricht in der Regel unverspurte Hänge, einen einsamen Gipfel und die lohnendere Abfahrt. Pulverexperten wissen: Der Schnee ist hier zumeist besser als auf den zerfahrenen Hängen des Großen Bösensteins.

Los geht es am Parkplatz der Edelrautehütte / Scheibelalm auf 1660 Metern. Die Anfahrt erfolgt auf einer kostenpflichtigen Mautstraße, Allrad und / oder Ketten sind für die Befahrung in der Regel ein Muss. Der Anstieg führt zunächst entlang der Sommermarkierung in Richtung »Großer Bösenstein«. Nach nur zehn Minuten passiert man die Edelrautehütte (1725 m) und den Großen Scheibelsee (1750 m), umringt von uralten Zirbenwäldern. Dem See folgt man entlang seines Nordufers, dann steilt das Gelände auf. In einer Rinne schwingt man sich auf ein flaches Becken auf, orografisch links geht es in Richtung Südwesten weiter durch eine nunmehr breitere Rinne. Sie mündet in einem weiteren, wesentlich größeren Becken, das nach Norden hin gequert wird. Hier ist Vorsicht geboten, die Querung liegt in steilem Gelände, bei hartem Schnee oder Vereisung sind Harscheisen erforderlich!

Abfahrt mit Suchtfaktor

Im Bereich der Grünen Lacke, einem wunderschönen Karboden, umrahmt von den Steilflanken der Bösenstein-Geschwister, taucht linker Hand bereits die beeindruckende Gipfelflanke des Kleinen Bösensteins auf.

Sie fällt sowohl nach Norden als auch nach Süden hin in einer Steilheit von 39 Grad vom Gipfelgrat ab. Der finale Aufschwung über diesen lohnenden Gipfelhang treibt die ein oder andere Schweißperle auf die Stirn, ist dafür aber schnell genommen und belohnt mit einem schier sensationellen, freien Rundum-Gipfelblick.

Und freilich: mit einer Abfahrt, die es in sich hat. Sie erfolgt entlang des Anstiegs und lädt insbesondere den geschwindigkeitsorientierten Freerider zu *long turns* ein. Vorsicht: Es besteht Wiederholungsgefahr! So manch konditionsstarker Tourengeher schwingt sich zumindest noch einmal aus der Grünen Lacke gen Kleinen Bösenstein empor.

Alpenhotel Lanz

Das Drei-Sterne-Hotel Lanz liegt im Bergdorf Hohentauern und bietet sich als Stützpunkt für die Erkundung der Rottenmanner Tauern an. Umringt von Zweitausendern fällt der Blick von der Sonnenterrasse auch auf den Gipfelhang des Kleinen Bösensteins. Die Familie Lanz setzt ihren Gästen steirische Spezialitäten vor: heimisches Rind vom Bauernhof, Fisch aus eigener Zucht und vor allem besonders gute Tropfen aus der Südsteiermark. Die Auswahl an Weinen ist umfangreich und distinguiert. Neben kulinarischen Genüssen bietet das Alpenhotel seinen Gästen auch einen Wellnessbereich mit Sauna, Kneippweg, Infrarot-Kabine und breitem Massage-Angebot.

Kulinariktipp
Ein Einkehrschwung unmittelbar vor Erreichen des Ausgangspunkts ist dringend angeraten. Auf der Edelrautehütte (1725 m) kann man sich mit hausgemachten Mehlspeisen oder Kasnocken stärken – oder sich überhaupt selbst einen Fisch aus dem Scheibelsee angeln und vom Küchenchef zubereiten lassen.

Daten & Fakten zur Tour

Ausgangspunkt
Parkplatz Edelrautehütte/ Scheibelalm (1660 m)

Anfahrt
Aus Trieben oder Pöls kommend auf der Triebener Straße B 114 bis nach Hohentauern und von dort auf der kostenpflichtigen Mautstraße bis zum Parkplatz der Edelraute Hütte/Scheiblalm fahren (Stand Winter 20/21: 6 Euro).

Aufstieg und Abfahrt
Vom Parkplatz entlang der Sommermarkierung in Richtung »Großer Bösenstein« gehen, vorbei an der Edelrautehütte und dem Scheibelsee, bald steiler durch eine Rinne in ein flaches Becken steigen. Nun gen Südwesten eine weitere, wesentlich breitere Rinne queren. Achtung: Hier bewegt man sich in steilem Gelände, Harscheisen sollte man jedenfalls dabeihaben. Die Querung mündet im Bereich der Grünen Lacke, von wo aus man links über den steilen Gipfelhang des Kleinen Bösensteins bis zu seinem höchsten Punkt auf 2395 m aufsteigt. Die Abfahrt erfolgt entlang der Aufstiegsroute.

Aufstieg und Abfahrt
Eine alternative Abfahrt führt aus der Grünen Lacke zunächst wieder über rund 40 Höhenmeter bergan bis auf einen flachen Sattel am östlichen Ende des Karkessels. Von hier kann man durch die »Rote Rinne« abfahren, eine bis zu 43 Grad steile Rinne, die über 300 Höhenmeter bis hinunter ans Ufer des Scheibelsees führt.

Weitere Touren in der Umgebung
→ Großer Bösenstein (2448 m)
→ Große Rübe (2093 m)

Schneidige Tour für Anfänger

Lage
Triebener Tauern

Gipfel
Kreuzkarschneid (1825 m)

Einkehr
Gasthof Braun (1100 m)

Anforderung im Aufstieg
725 Hm, 2 h

Kondition ◉◉○○○
Technik ◉◉○○○
Gesamt ◉◉○○○

↗ 1825 m

Kreuzkarschneid

Das Triebental ist ein Tal, das es in der Form eigentlich nicht mehr gibt. In völliger Abgeschiedenheit erstreckt es sich über zwölf Kilometer bis in den Talschluss. Gut versteckt vor dem Rest der Welt wissen jedoch die Skitourengeher um dieses besondere Revier. Im Vordertriebental etwa bietet sich die Kreuzkarschneid für eine gleichermaßen schnelle wie leichte Tour an.

Wer es nicht kennt, der landet nicht einfach zufällig im Triebental. Gut versteckt vor dem Rest der Welt zieht es als linkes Nebental des Paltentals über zwölf Kilometer von Trieben in Richtung Südosten hinein in die Seckauer Tauern. Beginnend als enge Schlucht, dem Wolfsgraben, weitet es sich erst allmählich zu einer ersten Streusiedlung, dem Vordertriebental. Hier liegt der Ausgangspunkt für die Skitour auf die Kreuzkarschneid, hier verlässt auch die Triebener Straße das Tal und zieht hinauf nach Hohentauern auf den Triebener Tauernpass, der bereits in der Antike als bedeutender Übergang entlang der Alpentransit-Verbindung geschätzt worden ist.

Heute ziehen freilich keine Karawanen mehr über den Gebirgspass, dafür umso mehr Skitourengeher auf die umliegenden Gipfel des Triebentals. Bis an den Anschlag erstreckt sich das urige Tal: Im Hintertriebental ist der Talschluss erreicht. Hier ist man nun wirklich an einem ganz famosen Ende der Welt angelangt. Gerade einmal 80 Einwohner zählt das entrische Tal.

Die Triebener Tauern bezeichnen den bereits erwähnten Gebirgspass über die Niederen Tauern an der Scheide der Seckauer und Rottenmanner Tauern. Sie verbinden das Murtal mit dem Paltental und dürfen – obwohl begrifflich seit dem 19. Jahrhundert ausdifferenziert – als Teil der Rottenmanner Tauern geführt werden. Im Vordertriebental fellen all jene auf, die es auf die Kreuzkarschneid abgesehen haben. Der Ausgangspunkt liegt unmittelbar beim Gasthof Braun. Von diesem geht es zunächst auf einem flachen Hang in Richtung Osten hinauf zu einer Forststraße. Hier informieren Schautafeln gleich zu Beginn über die hiesigen Skitourenmöglichkeiten und Routen – und weisen zugleich auf die bestehenden Wildschutzgebiete hin, deren Umgehung dringend einzuhalten ist.

Die Forststraße zieht in den Ardlingbachgraben bis auf rund 1310 Metern. Hier führt nun ein Ziehweg für etwa 300 Meter scharf rechts gen Norden hinauf auf einen Rücken. Relativ eben schreitet man auf diesem leicht nach links durch lichten Wald, nach nur wenigen Schritten schiebt sich bereits eine große Wiese ins Blickfeld, der man in weiterer Folge bergwärts bis auf den Hasensattel mit seiner romantisch gelegenen Jagdhütte auf 1448 Metern folgt. Der Sattel lädt zum Innehalten ein, erschließt er doch ein wahrlich lohnendes Panorama – insbesondere nach Norden in die schroffen Felswände der Gesäuse-Berge. Vom Hasensattel folgt man nun dem Ostrücken immer weiter bis auf 1825 Metern, dem nördlichen Ende der Kreuzkarschneid. Bezeichnet wird mit diesem Namen übrigens der Gratverlauf, die »Schneid«, die nichts anderes als einen lang gezogenen Rücken ohne ausgeprägte Steilflanken meint. Die Abfahrt erfolgt entlang des Aufstiegs.

gegen Osten
Kreuzkarschneid

Kulinariktipp

Das Ehepaar Leitner setzt in der Küche des Gasthofs Braun einen Fokus auf die Zubereitung von Suppen. Hier sollte man zuschlagen und ergiebig auslöffeln!

Gasthof Braun

Der Ausgangspunkt ist zugleich lohnender Einkehr- und Stützpunkt. Um die vielen lohnenden Touren in nächster Nähe wissen auch diverse Alpinschulen: Im Gasthof Braun werden regelmäßig Skitouren- und Lawinenkurse abgehalten. Insofern bietet er sich auch für private Tourengeher als mehrtägiger Nächtigungsposten an. Der kleine Gasthof überzeugt mit familiärem Ambiente und Liebe zum Gast: Gerade einmal 18 Personen haben Platz in den angeschlossenen Zimmern und kommen in den Genuss einer hauseigenen Sauna sowie eines Kräuterdampfbads. Geführt wird der Betrieb von der Familie Leitner, einem bereits pensionierten Ehepaar, das den Gasthof aus Leidenschaft führt. Das spürt und genießt man. Zum Beispiel nach der Skitour auf der Sonnenterrasse mit einem kulinarischen Schmankerl am Teller und Blick in die weißen Berge.

Daten & Fakten zur Tour

Ausgangspunkt
Gasthof Braun (1100 m)

Anfahrt
Von Trieben kommend auf der Triebener Straße B 114 fahren, dann links auf den Triebental-Weg ins Triebental einfahren und im Vordertriebental beim Gasthof Braun parken.

Aufstieg und Abfahrt
Vom Gasthof Braun in Richtung Westen auf einem flachen Hang bis zu einer Forststraße aufsteigen, dieser weiter in den Ardlingbachgraben folgen. Auf 1310 m gen Norden einem Ziehweg für 300 Meter bis auf einen Rücken folgen, diesen durch lichten Wald leicht linkshaltend durchschreiten und über eine große Wiese bis auf den Hasensattel (1448 m) aufsteigen. Vom Sattel geht es über den Ostrücken weiter bis auf 1825 m, hier ist das nördliche Ende der Kreuzkarschneid erreicht. Die Abfahrt erfolgt entlang des Aufstiegs.

Variante
Vom nördlichen Ende der Kreuzkarschneid (1825 m) kann man dem Gratverlauf über rund weitere 100 Höhenmeter in Richtung Süden folgen und auf etwa 1900 m abfallen. Hier beginnt sich der Geländeverlauf nach Südwesten zu drehen. Die Abfahrt erfolgt leicht nordseitig über den Ostrücken: genussvolle Schwünge über 500 Höhenmeter, bis zu jener Wiese unterhalb des Hasensattels. Hier trifft man wieder auf die Aufstiegsspur und folgt der bereits bekannten Route zurück bis zum Ausgangspunkt.

Weitere Touren in der Umgebung
→ Triebenkogel (2055 m)
→ Kerschkern (2227 m)

Lahngangkogel ↗ 1778 m

Kaiserau klingt kaiserlich, erinnert namentlich aber an ein bäuerliches Anwesen mit dem Namen »Chaeserowe«. Bereits 1160 hat man hier Käse produziert. Heute ist das mit dem Käse Geschichte, kaiserlich ist es aber geworden: jedenfalls für Skitourengeher.

Kaiserliche Sonnentour auf der Kaiserau

Lage
Ennstaler Alpen

Gipfel
Lahngangkogel (1778 m)

Einkehr
Sportalm Kaiserau (1100 m)

Anforderung im Aufstieg
700 Hm, 2 h

Kondition ●●○○○
Technik ●●○○○
Gesamt ●●○○○

gegen Osten
Lahngangkogel

Wildes Wasser, steiler Fels: Das Gesäuse ist gemeinhin bekannt für die spektakulären Nordwände der Hochtorgruppe sowie für die Enns, einen der letzten Wildwasserflüsse Österreichs. Eben jener Fluss beschert dem Tal jedoch auch einen weniger rühmlichen, dafür umso hartnäckigeren Nebel. Zäh hängt er insbesondere im Spätherbst im Tal, aber der eingeborene Admonter weiß sich zu helfen. »Auf der Kaiserau is' immer Sonn'!«, heißt es im Volksmund. Die Kaiserau, das ist ein Hochplateau im Süden von Admont auf rund 1100 Metern. Hoch genug, um zuverlässig jenseits der Nebelgrenze zu liegen – und vielfältig genug, um das Herz eines jeden Wintersportlers höherschlagen zu lassen. Im kleinen Skigebiet mit drei Liften lernen die Gesäuse-Kinder Skifahren. Langläufern präpariert man eine sechs Kilometer lange Loipe und auch für Rodler gibt es eine Bahn, die so manchen Juchzer und Jauchzer hinunter an die Talstation trägt.

Zwischen Pyramide und Lahngang

Die Reliefenergie auf der Kaiserau ist groß, wie überall im Gesäuse. Auch auf der Kaiserau sind die Berge markant und felsig. Sie sind Teil der Reichensteingruppe, der Charakterberg der Kaiserau ist die formvollendete Pyramide des Admonter Kalblings (2196 m). Und der, das muss man konzedieren, ist schon ein bisschen Furcht einflößend, glücklicherweise aber nicht das klassische Ziel des genussorientierten Skitourengehers. Der findet sein Glück vielmehr am Lahngangkogel, einem »leichten, schnellen Schlechtwetterberg«, wie Einheimische ihn zu beschreiben pflegen.

Vom (mittlerweile kostenpflichtigen) Parkplatz auf der Kaiserau folgt man zunächst einem Skiweg nach Nordosten in Richtung Klinke-Hütte. Bald hat man die Wahl: Entweder man folgt der Forststraße – vulgo: Rodelbahn – in langen Kehren bergan bis zur Hütte oder man entschiedet sich für den direkten, steileren Anstieg durch eine westseitige Rinne. Letzterer verläuft entlang der klassischen Sommerroute und ist gleichfalls ausgeschildert. Auf 1486 Metern hat man die Klinke-Hütte erreicht, die im Winter neuerdings leider nicht mehr bewirtschaftet ist. Von hier trennt einen nur noch ein kurzer Aufschwung in Richtung Osten bis hinauf zum Kalbling-Gatterl.

Sonne und Pulver

Wieder hat man die Wahl: Sonnenhungrige entscheiden sich für den Anstieg nach Norden und somit für die sonnigen Südhänge des ehemaligen Skigebiets. An der verwaisten Bergstation auf 1660 Metern haben sie ihr Ziel erreicht. Am Fuße der mächtigen Felswände des Kalblings genießen sie einen fantastischen Blick auf die umliegende Berglandschaft.

Pulverhungrige hingegen entscheiden sich für einen Anstieg über den Nordrücken auf den Nordostgipfel des Lahngangkogels. Hier, im licht bewaldeten Terrain, versteckt sich auch ein kleines Gipfelbüchlein an einer Fichte. Wer suchet, der findet!

gegen Osten
Lahngangkogel

Wer den Hauptgipfel erklimmen möchte, der folgt dem Nordostrücken für einen weiteren Kilometer in leichtem Auf und Ab – und steigt schließlich hinab zum spartanischen Holzkreuz des Gipfels (1778 m).

Abfahrtsorientierte Skitourengeher wählen ihren Schwung talwärts freilich über die Abfahrt gen Norden. Hier gibt es expositionsbedingt Pulvergarantie – jedenfalls bei günstiger Wetter- und Schneelage. So sicher wie es Sonne auf der Kaiserau gibt.

Das Panoramarestaurant Kaiserau

Die sonnigste Terrasse im Gesäuse liegt direkt an der Talstation des kleinen Skigebiets auf der Kaiserau und gehört zum Panoramarestaurant der Familie Thalmaier. Sie kredenzt bodenständige Gerichte mit hochwertigen Produkten aus der Region: »Uns ist nicht nur wichtig, was auf den Teller kommt, sondern auch, wo unsere Zutaten herkommen.« Ob Alm-Jausen-Brettl mit Geselchtem, Hausspeck, Ennstaler Bergkäse, Kürbiskernaufstrich und ofenfrischem Bauernbrot oder Mostbraten vom Almrind mit Butterspätzle, Schmorgemüse und Apfelmus – oder, für den süßen Abschluss, »Raunkerln«, gebackene Germkrapfen mit Zimtzucker, Preiselbeeren und Schlagobers: Im Panoramarestaurant denkt man nachhaltig, kocht regional und serviert saisonal.

Kulinariktipp
Auf Vorbestellung gibt es im Panoramarestaurant Kaiserau auch Fondue Bourguignonne mit Rinderfilet, Hühnerbrust, Kalbsrücken, Gemüse und viererlei Dip.

Daten & Fakten zur Tour

Ausgangspunkt
Parkplatz Kaiserau (Skigebiet Kaiserau). Achtung: Der Parkplatz ist gebührenpflichtig (Stand Winter 2020/21: 1 Euro pro Stunde.

Anfahrt
Entweder aus Admont oder aus Trieben kommend auf der L 713, der Kaiserauer Landesstraße, hinauf bis auf die Passhöhe zum Parkplatz fahren.

Aufstieg und Abfahrt
Vom Parkplatz in Richtung Klinke-Hütte aufsteigen, entweder entlang der Wintermarkierung in langen Kehren auf der Forststraße/Rodelbahn oder direkt entlang des Sommeranstiegs durch eine Rinne. Über das Kalbling-Gatterl auf 1542 m steigt man in weiterer Folge entweder nördlich über die sonnigen Südhänge bis zur ehemaligen Bergstation auf 1660 m auf oder wählt den Anstieg über den Nordrücken bis auf den Nordostgipfel auf 1730 m. Der Hauptgipfel liegt noch rund einen Kilometer entfernt auf 1778 m.

Die Pulverabfahrt führt in Richtung Norden, zunächst durch lichten Baumbestand und vegetationsfreie Rinnen. Danach gilt es, sich leicht rechts zu halten, um in einem Holzeinschlag einen weiteren freien Hang zu nehmen. Danach erreicht man die Forststraße, der man in Richtung Nordwesten bis zur Aufstiegsspur folgt. Von hier nun bergab entlang des Anstiegs.

Variante
Vom südlichen Anstieg über das Edenburger-Törl und die Wagenbänkalmen wird dringend abgeraten. Im unteren Abschnitt besteht auf den Skipisten ein Betretungsverbot für Skitourengeher!

Weitere Touren in der Umgebung
→ Kalbling (2196 m)
→ Riffel (2106 m)

Ein Spitz ohne Gipfel

Lage
Ennstaler Alpen

Ziel
Großbodenspitz (1600 m)

Einkehr
Grabneralm (1395 m)

Anforderung im Aufstieg
739 Hm, 2 h

Kondition ●●○○○
Technik ●●○○○
Gesamt ●●○○○

↗ 1600 m
Großbodenspitz

Eine Skiwanderung, die vom »Balkon zum Gesäuse« auf einen Gipfel führt, der eigentlich gar kein Gipfel ist – aber sich mindestens genauso lohnt.

gegen Osten
Großbodenspitz

Wer sagt eigentlich, dass eine Skitour stets Schmackes braucht, steil und schweißtreibend sein muss? Der Großbodenspitz zeigt ganz eindrücklich: Man kann auch im Winter wandern und man kann es auch mit Skiern an den Füßen. Das Gesäuse ist an sich berüchtigt: Es schenkt seine Gipfel nicht her, sie alle muss man sich mühsam auf steilen, langen Wegen erkämpfen. Alle? Nicht ganz. Der Großbodenspitz ist weithin eine der einfachsten Skitouren der Region. Dabei ist er gar kein richtiger Berg mit richtigem Gipfel, sondern vielmehr ein großer Rasenrücken am Fuße der Admonter Warte in den südöstlichen Ausläufern der Haller Mauern. Sein höchster Punkt ist daher auch ein »Spitz« und kein Gipfel. Die Bedeutung des Namens Großboden ist umstritten. Mancher will in der direkten, nahe liegenden Übersetzung die richtige erkennen: Großboden, ein großer Boden. Andere wissen: Ein »O« im Steirischen kann durchaus auch ein »A« sein. Dann wäre der Großboden ein GrAsboden. Ob nun groß oder grasig: Beides stimmt, Letzteres zumindest im Sommer.

Spitzsturm und Blumenberg

Los geht der Gipfelsturm, respektive Spitzsturm, am Parkplatz des Buchauer Sattels auf 861 Metern. Die Skiwanderung führt zunächst in gemächlicher Steigung in Richtung Grabneralm und Admonter Haus. Immer wieder bieten sich entlang der sanften Schleifen der Forststraße die kurzen Direktabstecher des Sommeranstiegs an. Diese seien all jenen empfohlen, die der Skiwanderung dann doch einen Schuss Schmackes verpassen wollen. Sobald man auf die Zufahrtsstraße der Grabneralm trifft, ist es nicht mehr weit bis zum ersten Etappenziel: der Grabneralm auf 1395 Metern. Die ersten 530 Höhenmeter – und damit mehr als die Hälfte – sind geschafft. Hier, auf einer Hochalm gelegen, hat man nicht nur einen fantastischen Blick in die umliegende Bergwelt, sondern befindet sich auch am unteren Sockel des Grabnersteins. Er soll Angaben der Alpinistin und Journalistin Liselotte Buchenauer zufolge der »schönste Blumenberg der Steiermark« sein. Davon hat man im Winter freilich nichts, außer einen gewichtigen Grund, im Sommer noch einmal hinaufzuwandern.

Kein Gipfel, aber ein Buch

Eine halbe Stunde Anstieg trennt einen an diesem Punkt noch vom Großbodenspitz – und die Entscheidung für eine von zwei Variante. Die erste führt zunächst in Richtung Grabnerstein bis zum Kleinboden, den man in weiterer Folge links nach Westen durchquert und schließlich auf den Großbodenspitz aufsteigt. Die zweite Variante führt entlang des Sommeranstiegs auf das Admonter Haus auf dem Weg Nummer 636 bis auf 1500 Meter Höhe. Hier nun steht man am unteren Ende eines großen Hanges, man ahnt es schon: Es ist der Großboden, den man nun in einem letzten Aufschwung nach Osten bis zu seinem höchsten Punkt erklimmt. Und obwohl der Spitz kein Gipfel ist, er hat doch sein eigenes Gipfelbuch, versteckt an einer Fichte angebracht.

Die Abfahrt erfolgt entlang des Aufstiegs – mit einer entscheidenden Unterbrechung: einer ausgiebigen Pause an der Grabneralm.

Kulinariktipp

Wenn es ein Brat'l gibt, gilt es zuzuschlagen. Der Schweinsbraten von Philipp Knappitsch steht im Ruf, einer der besten seiner Art zu sein – dies- und jenseits der Landesgrenzen. Letztlich aber lohnt sich jeder Happen aus der grabneralmschen Küche, ob Spiegelei-Pfanne, Suppe oder Mehlspeise.

Die Grabneralm

Mit etwas Glück hat sie geöffnet, die Grabneralm mit ihrem schier umwerfenden Blick in die umliegende Bergwelt. Nicht ohne Grund wird sie weithin »Balkon zum Gesäuse« genannt: Buchstein, Hochtor, Reichenstein, Niedere Tauern, Dachstein und Totes Gebirge – sie alle versammeln sich im Panorama der Alm. Auf der Sonnenterrasse kann man diesen Blick angemessen genießen. Und apropos Genuss: Der geht ja bekanntermaßen auch durch den Magen. Ein Glück, dass Hüttenwirt Philipp Knappitsch gelernter Koch ist und einen beeindruckenden Spagat zwischen Hütten- und Haubenküche hinlegt. Seine Frau Christina Knappitsch hilft ihm dabei. Erfahrung in der Höhenluft haben die beiden bereits gesammelt, haben sie doch vormals die Ennstaler Hütte auf 1543 Metern bewirtschaftet. Eine Etage tiefer funktioniert das Dream-Team besser denn je.

Daten & Fakten zur Tour

Ausgangspunkt
Parkplatz am Buchauer Sattel

Anfahrt
Auf der Buchauer Straße B 117 entweder aus Admont oder Altenmarkt bei St. Gallen kommend bis auf die Passhöhe der Buchau fahren.

Aufstieg
Vom Parkplatz folgt man zunächst dem Sommeranstieg in Richtung Grabner Alm und Admonter Haus, bis man auf die Zufahrtsstraße der Alm stößt und dieser weiter bis zur Grabneralm auf 1395 m folgt. Von hier steigt man entweder in Richtung Grabnerstein über den Kleinboden bis zum Großbodenspitz auf oder wählt den Anstieg in Richtung Admonter Haus bis auf 1500 m, wo man sich bereits am unteren Ende des Großbodens befindet. Ein letzter Aufschwung gen Norden führt einen schließlich hinauf auf den höchsten Punkt des Hanges auf rund 1600 m. Die Abfahrt erfolgt entlang des Aufstiegs.

Variante
Eine alternative Abfahrt zweigt nach ungefähr zwei Dritteln des Hanges orografisch nach links gen Osten ab und führt über einen weiteren Hang hinunter bis zum Sommerweg in Richtung Grabneralm und Grabnerstein. Diesem folgt man bis zur Grabneralm und schwingt von hier entlang der bekannten Anstiegsroute bis zum Ausgangspunkt auf dem Buchauer Sattel ab.

Weitere Touren in der Umgebung
→ Grabnerstein (1848 m)
→ Natterriegel (2065 m)
→ Mittagskogel (2041 m)

Man kennt das Gesäuse ja in erster Linie als »Universität des Bergsteigens«. Legendär ist die gewaltige Nordwand der Hochtorgruppe. Aber das »Xeis«, wie das Gesäuse von Einheimischen genannt wird, hat auch im Winter sein Mekka – und zwar auf der Südseite eben jener berüchtigten Hochtor-Nordwände.

Blaseneck ↗ 1969 m

gegen Osten
Blaseneck

Klassiker im »Xeis«

Lage
Eisenerzer Alpen

Gipfel
Blaseneck (1969 m)

Einkehr
Gasthof Kölblwirt

Anforderung im Aufstieg
1000 Hm, 2,5 h

Kondition ●●●○○
Technik ●●○○○
Gesamt ●●●○○

Müsste man die DNA vom Gesäuse in Worte fassen, sie lautete wohl: steiler Fels, Dolomit und Kalk, ein säuselnder Wildfluss mit Namen Enns. Im Winter hingegen klingt das so: Schnee, Schnee und noch einmal Schnee. Das Mekka der Skitourengeher liegt ab dem ersten ergiebigen Schneefall im Johnsbachtal mit der gleichnamigen 150-Seelen-Gemeinde Johnsbach, einem Bergsteigerdorf am schönsten Ende der Welt. Das Skitouren-Epizentrum des Johnsbachtals mutet dabei auch wesentlich sanfter an als die schroffen Wände der Hochtorgruppe.

Skitouren-Eldorado am schönsten Ende der Welt

Offiziell zählen die großen Klassiker der Skitourengipfel bereits zu den Eisenerzer Alpen – hier sucht man vergeblich nach senkrechtem Fels. Ein Glück, jedenfalls im Winter und für all jene, die mit Brettern an den Füßen ausrücken wollen. Johnsbach hat Anteil an diesem Paradies: hier Nationalpark und Hochtorgruppe, dort das Skitouren-Eldorado im hinteren Johnsbachtal. Ein Schneeloch, wie der einheimische Bergführer und Extrembergsteiger Christian Stangl weiß: »Wenn wir Nordwest-Wetterlage haben, bläst es den Schnee ins hintere Tal hinein – dort bleibt er liegen.« Die klingenden Namen in diesem Schneeloch, sie lauten Gscheideggkogel, Leobner und Blaseneck. Letzteres nehmen wir uns vor. Am Ausgangspunkt bietet sich eine neu installierte LVS-Überprüfungsstation zum Selbsttest an, eine Schautafel informiert zudem über den Schutz von Wildtieren im Winter. In enger Nachbarschaft zum Nationalpark bemüht man sich um eine sinnvolle Besucherlenkung. Die ausgeschilderten Routen für Skitourengeher sind daher unbedingt einzuhalten, sie dienen dem Schutz der Habitate von Raufuß- und Schneehühnern.

Stürmischer Gipfel im Steilgelände

Nach nur zehn Gehminuten eröffnet sich in einer Linkskehre ein Blickfenster auf zwei schroffe Majestäten der Gesäuse-Berge: Großer Ödstein und Reichenstein verdeutlichen letztgültig, dass man dort auf Skiern nichts zu holen hat. Dafür gibt es jedoch umso mehr im hinteren Johnsbachtal zu holen. Wir setzen unseren Anstieg aufs Blaseneck fort. Eine gute halbe Stunde marschiert man noch gemächlich auf einer Forststraße dahin, bis hinein in die »Ploden« (Almgebiet Breitenbergeralm). Dort beginnt das Gelände dann allmählich anzusteilen, bald durchbricht man die lichte Bewaldung und erreicht die oberen Hänge der steilen Gipfelpyramide. Je nach Schneelage kann es hier erforderlich werden, die Skier zu schultern, um die letzten Meter auf das flache Gipfelplateau zu Fuß anzusteigen. Dieser Bereich im Steilgelände setzt eine gute Kenntnis der Lawinenkunde sowie die Fähigkeit zur Beurteilung der Lage voraus. Oben angekommen pfeift einem das Blaseneck den Ursprung seines Namens um die Ohren: Windstill ist es hier eigentlich nie. An so manch stürmischem Wintertag sind hier bereits über 200 Stundenkilometer gemessen worden.

Daher: Raus aus dem Sturm und rein in den Drang. Schnell abfellen und talwärts in Richtung Wirt sausen!

Kulinariktipp

Die knapp 90-jährige Großmutter der Wolf-Familie – von allen nur »Mammi« genannt – besteht nach wie vor darauf, sämtliche Mehlspeisen im Kölblwirt selbst zuzubereiten. Sie zieht selbst den Strudelteig noch aus, ganz ohne »Fertigg'schichten«, wie Schwiegersohn und Senior-Wirt Ludwig Wolf verrät. Daher gilt beim Kölblwirt: Unbedingt naschen!

Der Gasthof Kölblwirt

Der Gasthof Kölblwirt ist mehr als nur ein Gasthof. Er ist eine Institution. Vier Generationen leben – und arbeiten – unter dem Dach vom »Kölbl«, jeder kennt jeden, »Griaß di!« und »Servus!« tönt es aus jeder Ecke, Dresscode gibt es allenfalls einen inoffiziellen: Skischuh und Tourenhose. Übrigens gibt es im Gesäuse eine wichtige Regel. Man darf exakt so lange guten Gewissens beim Wirten sitzen bleiben, wie man zuvor Zeit am Berg verbracht hat. Will heißen: Wer sich beim Anstieg aufs Blaseneck Zeit lässt, der hat nachhaltig etwas vom Genuss. Prost!

Daten & Fakten zur Tour

Ausgangspunkt
Parkplatz Ebnerklamm (Johnsbachtal) oder mit Allrad/Schneeketten zum »oberen Parkplatz« auf 1080 m.

Anfahrt
Auf der B 146 – entweder aus Admont oder aus Hieflau kommend – durch den Nationalpark fahren und die Abzweigung auf die L 743 in Richtung Johnsbach nehmen. Das Tal bis zum hinteren Ende ausfahren.

Aufstieg und Abfahrt
Entlang der Forststraße rund einen Kilometer taleinwärts gehen, dann an einer markierten Abzweigung rechts in Richtung Blaseneck abzweigen und der Forststraße bis in die »Ploden« (Almgebiet Breitenbergalm) folgen. Allmählich steilt das Gelände an, bald durchbricht man die lichte Bewaldungsgrenze. Die steile Gipfelpyramide des Blasenecks baut sich auf. Die oberen Hänge sind exponiert und liegen jenseits der 30-Grad-Marke. Hier sind angesichts der potenziellen Lawinengefahr Vorsicht und Kenntnis in Lawinenkunde geboten. Je nach Schneelage kann es erforderlich sein, die Skier abzuschnallen und die letzten Meter über zu schultern.

Die Abfahrt erfolgt entlang der Aufstiegsroute. Vorsicht bei der Direkteinfahrt in den lawinengefährlichen Osthang. Alternativ kann man den Südostkamm abfahren und erst weiter unten in die Ostflanke einfahren.

Variante
Die steile Direktabfahrt über den Nordhang in die »Ploden« ist absoluten Könnern vorbehalten.

Weitere Touren in der Umgebung
→ Leobner (2036 m)
→ Gscheideggkogel (1788 m)

gegen Osten
Blaseneck

Das Geräusch des Wassers

Lage
Ennstaler Alpen

Gipfel
Gscheideggkogel (1788 m)

Einkehr
Gasthof Kölblwirt (Seite 153)

Anforderung im Aufstieg
883 Hm, 3 h

Kondition ●●●○○
Technik ●●○○○
Gesamt ●●○○○

↗ 1788 m

Gscheideggkogel

Das Gesäuse ist wild und in seiner Wildheit so aufdringlich wie unbarmherzig. Unter dem schroffen Gipfel kann man sich schon mal ganz klein vorkommen. Dann geht man am besten auf den Gscheideggkogel. Hier kann man sich alles von ein wenig weiter oben anschauen.

gegen Osten
Gscheideggkogel

Das ist besonders
Das Gesäuse ist in jeder Hinsicht eine wilde Ecke. »Wild« heißt fest in der Hand der Natur. Sie ist hier unbändiger als anderswo, ihre Schönheit hat Reibeisencharakter.

Das Gesäuse ist ein Ort, für dessen Beschreibung die Palette an Attributen neu angemischt werden muss. Mit »wunderschön«, »traumhaft« oder »fantastisch« wird man diesem Ort einfach nicht gerecht. Das ist so, als würde man einen Grizzly als »schnuckelig« oder einen Rembrandt als »nett« bezeichnen.

Schon die Entstehung des Tales verdankt sich einem Akt schierer Unbändigkeit. Ausgerechnet hier, zwischen Buchstein und Hochtor, wollte die Enns sich ihren Weg bahnen, koste es, was es wolle. Sie tat es und hinterließ zum Zeichen ihrer Willens- und Wasserkraft ein 16 Kilometer langes Tal. Im Namen »Gesäuse« wird die schöpferisch-destruktive Kraft des Wassers bis heute festgehalten: »Gesäuse« ist das Geräusch, das Wasser macht, wenn es durch die engen Schluchten tost und der Sound von den steil aufragenden Felswänden zigfach und mit jedem Mal lauter rückgekoppelt wird.

In der Hand der Natur
In den Wintermonaten verirren sich nur selten Sonnenstrahlen in das enge Tal. Dann herrscht statt Winterzauber Klammheit unterhalb der abweisenden Nordwände von Hochtor, Festkogel und Großer Ödstein.

Der Schnee hat im Gesäuse eine spürbar mildernde Wirkung auf die schroffe Topografie. Das Kantige und mit scharfer Linie Gezogene versteht er gekonnt aufzuweichen und schafft Wege, durch die sonst nur schwer durchzukommen ist. Das heißt aber nicht, dass die Gipfel im Winter leicht zu haben sind, im Gegenteil: Skitouren im Gesäuse sind lang und steil. Ganz oben warten vor dem Gipfel nicht selten Kletterpassagen oder exponierte Grate.

Einer, der immer geht
Die Skitour auf den Gscheideggkogel (1788 m), der zwischen Leobner und Lugauer liegt, ist für alle, die nicht zigtausend Kilometer in den Schenkeln haben, bei dem sonst sehr hohen Skitourenniveau im Gesäuse eine willkommene Abwechslung. Hier geht es mit gerade mal 700 Höhenmetern eher moderat bergan. Und noch einen großen Vorteil hat dieser eher unscheinbarer Berg: »Der Gscheidegg' geht immer«, sagt man.

Vom Parkplatz kurz vor der Zeiringer Alm folgt man der Forststraße Richtung Grössinger Alm/Leobner. Nach der Brücke links kurz Richtung Zeiringer Alm abbiegen und vor der Alm nach rechts über die Wiese bis zu einer Forststraße aufsteigen. Der Forststraße nach links Richtung Ebner Alm folgen und am Kamm (Skitourenschild) rechts hinauf auf dem Skitourenweg bis zur nächsten Forststraße folgen, auf dieser nach rechts bis unter die Gipfelhänge und über diese hinauf zum höchsten Punkt. Bei der Abfahrt bleibt man idealerweise im Bereich der Aufstiegsspur und lässt sich am Gipfel stehend nicht von den Hängen, die direkter ins Tal führen, verleiten. Je tiefer man fährt, umso steiler werden sie.

Wissenswertes
Wenn der Sturm die hohen Gipfel bis auf den blanken Felsen nackt fegt, liegt am Gscheideggkogel oft windberuhigter Pulver.

Daten & Fakten zur Tour

Ausgangspunkt
Tourengeherparkplatz in Johnsbach

Anfahrt
Pyhrnautobahn A 9 Ausfahrt Ardning/Admont, B 146 Gesäusestraße bis zur Abzweigung Johnsbach (22 km), Landesstraße nach Johnsbach bis zum letzten Tourengeherparkplatz.

Aus Richtung Hieflau: B 146 Gesäusestraße bis zur Abzweigung Johnsbach (6 km), Landesstraße nach Johnsbach bis zum Parkplatz.

Aufstieg und Abfahrt
Auf der Straße bis kurz nach der Pfarralm, danach rechts der Abzweigung zum Gscheideggkogel folgen. Entlang der Skitourenmarkierung Achtung:–brütende Schneehühner), durch den lichter werdenden Wald aufwärts, die Straße kreuzend bis man am Ende eine freie Fläche erreicht.

Abfahrt erfolgt dann entlang der Aufstiegsroute.

Weitere Touren der Umgebung
→ Leobner (2036 m)
→ Blaseneck (1969 m)

gegen Osten
Zinken

Das Hochschwabmassiv in der Steiermark ist mit einer Fläche von 400 Quadratkilometern ein Gigant unter den alpinen Kalksteinplateaus. Das führt unter anderem dazu, dass die Tourenmöglichkeiten am »Schwobn« so vielfältig sind wie an kaum einem anderen Platz.

Zinken ↗ 1926 m

gegen Osten
Zinken

Auge in Auge mit dem Giganten

Lage
Hochschwabgruppe

Gipfel
Zinken (1926 m)

Einkchr
Häuslalmhütte (1526 m)

Anforderung im Aufstieg
1050 Hm, 3 h

Kondition ●●●○○
Technik ●●●○○
Gesamt ●●●○○

Einsamkeit ist ein seltenes Gut – und sie hat ihren Preis. Einfach aussteigen und sie einatmen, das geht nicht. Stattdessen muss man sie sich mit jedem Schritt verdienen. Wer am Fuße des Hochschwabmassivs auffellt, ist nicht bloß hier, um eine Skitour zu machen. Er begibt sich auf eine Reise der anderen Art. Eine »leichte« Tour in dieser Gegend scheint auf den ersten Blick wie ein Widerspruch in sich und höchstens im Traum oder mit Hubschrauberunterstützung zu haben. Viele Touren beginnen oft weit draußen am Anfang langer Täler und enden mit einem Plateau, das keine Ränder zu haben scheint und nahtlos in den Himmel übergeht.

Wer dem Genuss auf der Spur ist, für den heißt es hier schnell »zu viel des Guten«. Aber wie könnte man ein Buch über die schönsten Skitouren des Landes schreiben, ohne den »Schwobn« zu erwähnen? Das wäre wie das Alte Testament ohne ein Wort über Hiob.

Glücklicherweise hat das schroffe Massiv auch eine zahme Seite. Rund um die Häuslalmhütte (1526 m) gibt es mit dem Buchbergkogel (1705 m) und dem Zinken (1926 m) zwei Anstiege, für die man nicht unendlich weit laufen muss.

Höhenmeter und Gehzeit mögen im Vergleich zu einer Tour auf den Hauptgipfel deutlich moderater ausfallen, aber das heißt nicht, dass man hier billig abgespeist wird, ganz im Gegenteil. Die Weite und Mächtigkeit dieser Berge sind hier ebenso spürbar.

Aus der Eisenzeit in die Jetztzeit

Die Häuslalmhütte (1526 m) liegt mitten im Hochschwabmassiv, wie ein Kloß im Hals zwischen dem markanten Buchbergkogel (1705 m) und dem Zinken (1926 m). Vom Gasthaus Bodenbauer erreicht man sie über den Sommerweg in circa zwei Stunden. Ein kleines Missverständnis soll gleich am Anfang aus dem Weg geräumt werden: Auf der »Häuslalmhütte« gibt es weder die größte Klobrille der Welt noch sind die Toiletten marmorverkleidet und mit goldenen Armaturen versehen. Ihr Name leitet sich nicht, wie manch einer glaubt, von der umgangssprachlichen Bezeichnung für ein WC – »Häusl« – ab, sondern hat mir ihrer exponierten Lage an einem »Hals«, also einer topografischen Verengung zu tun. Ursprünglich hieß die »Häuslalm« deswegen auch »Halslalm«.

Ursprünglich ist auch der Hüttenwirt Michael »Schabbi« Schabhüttl, der seit 2016 seinen Dienst auf dieser urgemütlichen Alm versieht.

Die Speisen sind regional und durch die Bank sensationell. Speziell das »Ritschert«, ein Eintopf aus Rollgerste, Bohnen und Schweinefleisch, dessen Ursprünge bis in die Eisenzeit zurückreichen, sollte man sich in der Jetztzeit nicht entgehen lassen.

Kulinariktipp

Das »Ritschert« ist ein in den alpinen Gebieten Sloweniens und Österreichs, aber auch in Bayern verbreiteter Eintopf. In Kärnten ist es als »Gerstbrein« bekannt, aus dem sich auch das im Slowenischen ebenfalls gebräuchliche *ješprenj* entwickelt hat.

Daten & Fakten zur Tour

Ausgangspunkt
Gasthaus Bodenbauer

Anfahrt
Auf der S 6 bis zur Ausfahrt Kapfenberg dann weiter Richtung Mariazell bis Thörl. In Thörl Richtung St. Ilgen abbiegen bis Gasthof Bodenbauer.

Aufstieg und Abfahrt
Vom Gasthof Bodenbauer über die ebene Lichtung talein und am Waldrand bei einer Gabelung links Richtung Häuslalm/Sonnschienhütte (Weg Nr. 840).

Auf dem gut gangbaren Sommerweg (rote Markierung) im Wald mit mehrmaligem Kreuzen der Forststraße aufwärts. An deren Ende mit wenig Höhenverlust in eine Mulde und weiter nach Westen und durch den Talboden über einige kleine Geländestufen sanft ansteigend zur Häuslalm. Von hier Richtung Nordosten in den Häusltrog, entlang der Stangenmarkierung in die Hirschgrube und weiter über einen flachen Sattel zum Gipfel. Abfahrt entlang der Aufstiegsspur.

Weitere Tour in der Umgebung
→ Hochschwab (2277 m)

Ein umgänglicher Zeitgenosse

Lage
Mürzsteger Alpen

Gipfel
Turntaler Kogel (1610 m)

Einkehr
Turntaler Alm (1385 m)

Anforderung im Aufstieg
678 Hm, 2,5 h

Kondition ● ○ ○ ○ ○
Technik ● ○ ○ ○ ○
Gesamt ● ○ ○ ○ ○

Turntaler Kogel ↗ 1610 m

Der Turntaler Kogel ist keiner von den ganz Großen. Aber wie soll er auch? Die Gebirgsfamilie, aus der er sich entfaltet hat — die größtenteils in der Steiermark, aber auch ein wenig in Niederösterreich liegenden Mürzsteger Alpen —, haben selbst keine Riesen in ihrer Reihe. Kein Berg konnte die psychologische 2000-Meter-Marke knacken. Die Hohe Veitsch liegt mit 1980 Metern knapp darunter. Hoch ist er zwar nicht, der Turntaler Kogel, aber das stört nicht. Seine Größe spielt er anderswo aus.

Die längste Abfahrt, der steilste Aufstieg, der meiste Schnee. Allzu oft fällt man bei der Tourenwahl auf die Verführkunst des Superlativs herein. Kein Forum, kein Führer kommt ohne ihn aus, Marketing ist auch bei Bergen alles! Wie eine versteckte Klausel geht mit dem Superlativ stets die mahnende Verpflichtung einher, ihm Folge zu leisten. Man selbst will ja auch sichergehen, dass man seine Zeit richtig, eben ins Allerbeste, -schönste, -größte investiert. Deswegen tritt man sich auf den allerschönsten, -größten, -besten Skitouren auch auf die Füße, während man woanders ganz allein unterwegs sein könnte.

Gipfel, Zahlen, Höhenmeter – sie sind am Berg ohnehin nur Nebensächlichkeiten. In Wahrheit ist keiner besser als der andere, nur weil er ein paar Höhenmeter mehr zu bieten hat. Es ja geht nur um das, was man fühlt.

Eine Spur für alle Generationen

Der Turntaler Kogel ist ein Zeitgenosse, der gänzlich ohne Superlative auskommt. Vielleicht ist er genau wegen dieser Unaufdringlichkeit so beliebt. Ein Berg für alle zu sein, das ist sein Job. Und er macht ihn gut. Wie kaum ein anderer Berg ist der Turntaler Kogel einer für alle Generationen. Um das live mitzuerleben, muss man sich nur an einem schönen Tag in die Spur einreihen, in der Familien mit ihren Kindern und ihren Großeltern unterwegs sind.

Es ist keine große Überraschung, dass es hier niemand eilig zu haben scheint. Selten, dass man eine laufende Stoppuhr am Handgelenk sieht oder Menschen mit hochrot-verschwitzten Köpfen nach Luft schnappen hört. Sich am Turntaler Kogel allzu sehr zu beeilen wäre ohnehin ein Eigentor. Das einzig zu erzielende Resultat wäre, dass die nur knapp 700 Höhenmeter lange Tour sofort wieder vorbei ist. Das ist aber alles, nur kein Vorteil. Sich Zeit zu lassen, ist hier der beste Deal. Der Verzicht auf die physische Beschleunigung hat nämlich den äußerst angenehmen Effekt der mentalen Entschleunigung zur Folge.

In welliger Bewegung

Vom Parkplatz Greith geht es nun am Forstweg Richtung Turnauer Alm bis zur Waldgrenze auf circa 1380 Metern. Wer lieber nebeneinander geht, um ein Schwätzchen zu halten, bleibt der Forststraße treu. Alternativ kann man auch in einen der vielen, oft gut gespurten Abkürzer in den Wald einschwenken und so ein wenig schneller sein.

An der Waldgrenze geht es nun nach Norden und an einer Jagdhütte vorbei hin zu einem schwach ausgeprägten Rücken bis zum Gipfel. Nicht selten muss man die letzten Meter zu Fuß zurücklegen, denn der Turntaler Kogel ist einer, dem der Wind schon mal kräftig um die Ohren bläst.

Der höchste Punkt des Turntaler Kogels ist in topografischer Hinsicht genauso wenig herausragend wie die seiner Bergnachbarn. Dafür lässt sich ein ganz anderes Gipfelfeeling spüren: eines der Sanftheit. Auf Augenhöhe mit den Gipfeln der Mürzsteger Alpen stehend, hat man das Gefühl, vom welligen Duktus der Landschaft erfasst und von diesem dahingetragen zu werden.

Nur mit ausgefeilter Kenntnis (oder der richtigen App) kann man die kleinen Zacken in der Ferne anhand ihrer Gipfelnamen identifizieren: Dachstein, Hochtor, Grimming. Sie alle sind weit weg – und man selbst auch. Auch wenn man nicht hoch hinaufgestiegen ist, fühlt sich das ziemlich gut an.

Ein Hauch von Kärnten in der Steiermark
Es versteht sich, dass auf einem Berg wie dem Turntaler Kogel nicht eine x-beliebige Hütte stehen kann. Es muss das Schutzhaus Turnauer Alm sein, denn das ist eine Frage der Kongruenz. Die Atmosphäre, die hier am Berg herrscht, hat sich auch in der Turnauer Alm eingenistet. Das ist vor allem Manuela und Ute zu verdanken, die hier die Fäden ziehen – und das sind viele. Zuständig ist auf der Turnauer Alm »jeder für alles« und das mit Begeisterung für die Sache.

Dass hier mit viel Liebe gewerkt wird, spürt man natürlich auch in der Küche. Dank Ute und ihren Klagenfurter Wurzeln taucht manchmal auch das ein oder andere original Kärntner Gericht – etwa Kasnudeln oder der Kärntner Reindling – auf der Karte auf. Der Reindling, auch »Pogatscha« oder »Woazas« genannt, ist eine im südlichsten Bundesland Österreichs und auch in Slowenien weitverbreitete Süßspeise aus Germteig – und teuflisch gut! Da man im Aufstieg ohnehin genug Kalorien verbrannt hat, kann man sich dieser süßen Versuchung guten Gewissens hingeben.

Daten & Fakten zur Tour

Ausgangspunkt
Gehöft Greith. Dieses ist aufgrund des neuerdings herrschenden Parkverbots allerdings nur mit dem Ski-Taxi erreichbar (Vorbestellung notwendig).

Alternativer Start: Auf der Brunnalm oberhalb vom Alpengasthof Scheikl (1088 m) parken und dann flach und landschaftlich abwechslungsreich über die Rotsohlalm (1413 m) in circa zwei Stunden zur Turnauer Alm.

Anfahrt
Auf der B 20 von Bruck/Mur nach Turnau oder von Mariazell kommend über die Obere Au nach Turnau. Weiter in Richtung Pretalsattel/Veitsch fahren und dann bei der Einfahrt in den Brücklergraben parken. Von da mit dem Taxi nach Greith.

Aufstieg und Abfahrt
Vom Parkplatz Greith über den Forstweg Richtung Turnauer Alm bis zur Waldgrenze (circa 1380 m). Nördlich an einer Jagdhütte vorbei auf einen schwach ausgeprägten Rücken und auf diesem zum Gipfel. Abfahrt wie Aufstieg. Je nach Schneelage sind die Abkürzer im Forstweg auch als Abfahrt geeignet.

Weitere Tour in der Umgebung
→ Tonion (1699 m)

A runde G'schicht

Lage
Mürzsteger Alpen

Gipfel
Wildalpe (1523 m)

Einkehr
Gasthof Freinerhof

Anforderung im Aufstieg
657 Hm, 3 h

Kondition ●○○○○
Technik ●●○○○
Gesamt ●●○○○

Wildalpe ↗ 1523 m

Wer im Osten auf Fellen unterwegs ist, der weiß, dass das Großartige nicht unbedingt seiner Form nach groß sein muss. Die Wildalpe im steirischen Teil der Mürzsteger Alpen ist genau so ein Fall.

gegen Osten
Wildalpe

Das Wilde
Seien wir uns ehrlich: Mit ihrem 1523 Meter hohen Gipfel ist die Wildalpe kein geologischer Gigant. In Anbetracht ihres runden Rückens fragt man sich überdies, was an dieser lieblichen Alpe bitte schön »wild« sein soll. Die Erklärung dafür lässt sich leicht finden: »Wild« ist im Fall der besagten Alpe nicht deren ungezähmte Natur in Gestalt zerrissener Grate oder gähnend tiefer Schluchten, sondern bezieht sich auf die Wildtiere, die hier einst so zahlreich waren, dass sie zum Namensgeber avancierten.

Die Wildalpe, die man als Skitourengeher vom südlich gelegenen Ort Frein oder vom nordöstlich gelegenen Lahnsattel besteigen kann, wird von Theodor Hüttenegger in seinem »Wintersport-Führer durch das Mürztal« aus dem Jahr 1947 folgendermaßen beschrieben: »Im ganzen Gebiet gibt es keinen Berg, dessen Überschreitung so leicht und mühelos ist, wie die der Wildalpe. Und keinen, der kilometerlang so prächtige Ausblicke bietet, als sie.« »Und keinen, der eine so kilometerlang prächtig gelegte Aufstiegsspur bietet, als sie«, müsste man dem Text des Herrn Hüttenegger eigentlich hinzufügen.

Der erste Anspurer
Die Aufstiegsspur auf die Wildalpe ist tatsächlich eine kuriose Sache. Kaum sind ein paar Zentimeter Neuschnee gefallen, liegt sie da wie von Geisterskiern angelegt. So, als hätte einer auf den richtigen Moment und das Minimum an Neuschneehöhe gewartet, um losgehen zu können und sich den inoffiziellen Titel des »ersten Anspurers« umzuhängen. Für die geleistete Arbeit ist dieser Titel mehr als verdient. Dank der auf der Wildalpe immer vorhandenen Aufstiegsspur kann ein jeder ganz entspannt und dennoch flink nach oben gehen.

Eine gute Spur kann vieles, aber auch nicht alles ungeschehen machen. Wind und Nebel zum Beispiel. Mit diesen ist auf der Wildalpe des Öfteren zu rechnen. Wenn der Sturm tost und die Schwaden wabern, dann ist es hier oben wenig zauberhaft. Die verfrühte Abfahrt zum Freinerhof ist dann die einzige Möglichkeit, um den Tag mit Happy Ending ausklingen zu lassen.

Zwischen den Sendern
Vom Freinerhof führt der Aufstieg auf der meist geräumten Straße in nordwestlicher Richtung durch die Siedlung sanft aufwärts zum oberen Waldrand. Durch einen engen Waldgraben gelangt man zu einer Forststraße auf circa 1010 m. Die wird aber gleich wieder verlassen, um erneut im Wald aufzusteigen, bis sich auf 1150 m die nächste Forststraße querlegt. Nach gut eineinhalb Stunden gelangt man in den Bereich eines weiten Sattels (1340 m) und dann westlich zu einer Kuppe (1356 m). Immer noch westlich geht es zu einer Waldenge samt Jagdhütte und nach dieser sogleich auf die aussichtsreiche Ebene der Hochalm. Es folgt ein kurzer Aufschwung, der linker

Hand von Wechten bewachsen sein kann und steigt dann über den weitläufigen Rücken an zwei Sendemasten vorbei zum höchsten Punkt.

Eine rassige Rinne

Bei der Abfahrt gibt es zwei Varianten. Die erste quert vom Gipfelkreuz sanft fallend bis zu den Sendemasten und zieht dann nach Süden über einen stumpfen Rücken zum Wald und dann weiter über eine Lichtung, bis sie auf 1330 m auf eine Forststraße trifft. Auf dieser geht's nach Osten bis zu einem weiten Linksbogen, wo man nach rechts in den Wald abbiegt und ostwärts abfahrend auf 1120 Metern wieder auf eine Forststraße trifft. Weiter geht's in einem schönen Graben und dann auf der Forststraße mit zwei Kehren zurück nach Frein. Weitaus rassiger ist die Fahrt durch die Südostrinne. Vom Gipfelkreuz kommend, quert man unter den Sendemasten, bis oberhalb die Wechten der Südostflanke auftauchen. Nun geht es aber nicht gleich die Flanke, sondern zunächst über den Rücken hinab. Im lichten Wald hält man sich links, bis man sich in einer auffälligen Mulde befindet. Durch diese dann in schöner Fahrt weiter zur Forststraße auf 1250 Metern. Man kreuzt die Straße noch zweimal (auf 1130 m und auf 980 m) bis man das Kreuzen sein lässt und endgültig auf dieser bleibt. Zum Dank ist man zwei Kehren später schon wieder in Frein.

Ein Wirt für alle Fälle

Gut, dass es den Freinerhof gibt! Ohne ihn wäre die Wildalpe nur halb so gut. Hier kann man parken, von hier geht's los. Wenn man von Nebel, Wind oder mangelnder Motivation früher als geplant vom Berg vertrieben wurde, bekommt man hier auch ohne Gipfelsieg ein gutes Essen. Im Freinerhof macht man diesbezüglich keinen Unterschied, hier ist ein jeder Tourengeher willkommen und so kommt, wer einmal hier war, gern wieder. Verantwortlich dafür ist womöglich die Spezialität des Freinerhofs. Eine jedoch, die weder aus der Küche kommt, noch auf einen Teller passt. Außer dieser ist so groß wie ein Tennisplatz. Der Freinerhof verfügt nämlich über den Traum nass geschwitzter und ausgekühlter Skitourengeher – einen weitläufigen Wellnessbereich mit Saunalandschaft.

Daten & Fakten zur Tour

Ausgangspunkt
Gasthof Freinerhof in Frein an der Mürz

Anfahrt
Von Wien und Graz kommend am besten auf der S 6 bis Mürzzuschlag, von dort über Neuberg und Mürzsteg nach Frein. Alternativ geht es auch von Norden über Mariazell.

Aufstieg und Abfahrt
Vom Ausgangspunkt dem Forstweg in nördlicher Richtung aus dem Dorf bis in den Wald folgen. Bei einer Lichtung den Forstweg verlassen und auf einem kleinen Hohlweg durch den Wald. Die nächste Forststraße queren, dann weiter oben in westlicher Richtung, bis man zu einer markanten Wiese kommt. Dieser aufsteigend folgen, bis die Sendemasten sichtbar werden. Masten ansteuern, dann knapp unterhalb in Richtung Westen zum Gipfelkreuz. Die Abfahrt erfolgt entlang der Aufstiegsspuren.

Weitere Tour in der Umgebung
→ Großer Königskogel (1574 m)

Viel besser als der Ruf

Lage
Rax-Schneeberg-Gruppe

Gipfel
Heukuppe (2007 m)

Einkehr
Waxriegelhaus (1361 m)

Anforderung im Aufstieg
930 Hm, 3 h

Kondition ◉◉○○○
Technik ◉◉◉○○
Gesamt ◉◉◉○○

Heukuppe ↗ 2007 m

Zu flach, zu weit im Osten und weit und breit kein Berg. Für Außenstehende sieht das Wiener Skitourenangebot nicht allzu rosig aus. Wie so oft ist der Ruf aber auch hier viel besser als die Realität. Kaum eine Stunde von der Stadt entfernt, gibts an Rax und Schneeberg eine Fülle genialer Abfahrten zu holen. Der große Klassiker am östlichen Alpenrand ist der Anstieg vom Preiner Gscheid auf die Heukuppe.

gegen Osten
Heukuppe

Je mehr man in den Westen Österreichs vordringt, umso hartnäckiger hält sich die Meinung, dass Skifahren im flachen Osten nicht nennenswert sein kann. Grund dafür sei der »Mangel an Bergen«. Für das mangelnde topografische Wissen muss man aber Verständnis zeigen, da die lautesten Meinungsmacher in den seltensten Fällen selbst vor Ort waren. Wer zur rechten Zeit hier war, der weiß, wie gut es ist. Schließlich fällt auch in niederen Gefilden guter Schnee und dann sind Rax, Schneeberg, Ötscher und deren zahlreiche Nachbarn wahre Paradiese für Fellgeher.

Niederösterreichische Wurzeln

Auch in historischer Hinsicht ist der Osten mit dem Skifahren seit jeher eng verbunden. Schließlich hat es in Niederösterreich einen seiner wichtigsten Ursprünge. Mathias Zdarsky aus Lilienfeld gilt als der Begründer der alpinen Skilauftechnik, ihm wird die erste Bergabfahrt der Skigeschichte zugeschrieben. Im Jahr 1897 veröffentlichte er das Buch »Die Lilienfelder Skilauf-Technik«, das wegweisend für die Entwicklung des alpinen Skiwesens war. Auch die erste Bergbahn Österreichs wurde im Osten gebaut. 1925 wurde in Hirschwang die erste Stütze aufgestellt.

Die Rax, deren Name sich von dem Wort *rahse* (= rau, schütter bewachsene Fläche) ableitet, ist auch heute noch eines der beliebtesten Tourenziele im Osten.

Dabei muss erwähnt werden, dass die Rax beziehungsweise Raxalpe kein Gipfelname ist, sondern eine Bezeichnung für das hochplateauartige Gebirgsmassiv, das in der Steiermark und Niederösterreich liegt und zig Aufstiege und Abfahrten bereithält. Mit einer »Skitour auf die Rax« könnte somit alles Mögliche gemeint sein. Meistens ist damit aber die Tour auf ihren höchsten Gipfel, die allerdings schon in der Steiermark liegende Heukuppe (2007 m), gemeint. Sie ist immer gut gespurt und für viele Skitouren-Newbies ein perfekter Kandidat für die »erste echte Skitour«.

Einmal Piste, immer Piste

Vom Ausgangspunkt Preiner Gscheid (1070 m) geht es auf der ehemaligen Skipiste aufwärts Richtung Gflötzhütte. Liftbetrieb herrscht hier schon lange nicht mehr, aber dank der hohen Besucherfrequenz sind pistenartige Verhältnisse im unteren Teil auch heute noch gang und gäbe. Über flacher werdende Almflächen geht es nun in den Siebenbrunnenkessel. Spätestens hier ist es vorerst vorbei mit gemütlichem Dahinhatschen, denn jetzt steilt das Gelände auf. Rechts des steilen Karlgrabens geht es nun entlang des Schlangenweges aufwärts. Auf circa 1700 Metern quert man links aus dem Graben raus zu den großen Ketten und an diesen entlang über den oft abgeblasenen Rücken (dann zu Fuß) zum nahen Karl-Ludwig-Haus (1804 m). Hier bekommt man einen ersten Eindruck über die Weitläufigkeit des oft von unbändigen Winden gepeinigten Plateaus, das seine Visitenkarte in Form einer Landschaft aus Wechten, Gangeln und abgenagten Flächen hinterlassen hat.

Kulinariktipp

Ein hütteneigenes Bier, so was ist selten. Vom »Waxriegelbier« sollte man sich deswegen unbedingt ein Krügerl oder Seiterl gönnen. Wer mehr Durst verspürt, sollte sich mit den Spezialitäten vom Styria Beef die ideale Unterlage für ein feucht-fröhliches Tourenende schaffen.

Vom Karl-Ludwig-Haus geht es nun eben und in westlicher Richtung gleichmäßig ansteigend diesseits des mächtig überwechteten Schneegrabens in eine seichte Einsattelung (1940 m) zu einem Wegweiser. Über den stumpfen Rücken geht es nun weiter zum Gipfel, wo man im Windschutz des Steindenkmals abfellt.

Die Abfahrt über die weiten Flächen des Schneegrabens ist bei guter Sicht ein Traum. Ist das Licht diffus, sollte man darauf achten, nicht zu weit nach rechts zu geraten, wo mächtige Wechten lauern. Im unteren Teil hält man sich rechts und gelangt so wieder zum Karl-Ludwig-Haus. Von dort entlang der Ketten wieder in den Graben und in den Siebenbrunnenkessel.

Das Haus am Riegel

9400 in ein Jahr gepferchte Arbeitsstunden waren notwendig, bis das Waxriegelhaus am 4. Oktober 1924 eröffnet werden konnte. 3000 Menschen sollen heraufgestiegen sein, um dem Spektakel beizuwohnen. 1954 erfolgte eine erste Renovierung des Hauses, viele weitere folgten. Mittlerweile ist das Waxriegelhaus beliebter denn je. Warum, ist einfach erklärt: Es ist immer vom Feinsten hier oben. Auf die Heukuppe zu gehen, ohne hier einen Zwischenstopp einzulegen, wäre ein Sakrileg, das den Rax-Gott erzürnt. Nicht aus Angst vor diesem, vor allem wegen der Freude auf ein gutes Mahl und eine oft ausgelassene Stimmung, muss man hier ein paar Meter Gegenanstieg auf sich nehmen, um seinen Einkehrschwung setzen zu können.

Daten & Fakten zur Tour

Ausgangspunkt
Parkplatz Preiner Gscheid (1070 m)

Anfahrt
Von der S 6 nach Prein an der Rax. Dann auf der L 135/L 103 bis zur Passhöhe am Preiner Gscheid folgen.

Aufstieg und Abfahrt
Vom Preiner Gscheid über die ehemalige Skipiste hinauf und am Waxriegelhaus vorbei. Danach auf dem »Schlangenweg« in Serpentinen hinauf bis zum Karl-Ludwig-Haus (1804 m). Dann über den flachen Rücken hinauf bis zur Heukuppe (2007 m). Abfahrt wie Aufstieg oder über den steileren Karlgraben.

Weitere Tour in der Umgebung
→ Predigtstuhl (1898 m)

Wo der Schneepuls am lautesten schlägt und das Skitourenherz am höchsten springt.

im Westen

Dem Genuss auf der Spur im Westen

Die etwas andere Seite

Lage
Kitzbüheler Alpen

Gipfel
Rauber (1972 m)

Einkehr
Kelchalm (1432 m)

Anforderung im Aufstieg
1100 Hm, 4 h

Kondition ●●●○○
Technik ●●●○○
Gesamt ●●●○○

Rauber ↗ 1972 m

Zur Hochsaison im stets gut besuchten Kitzbühel ein ruhiges Fleckchen zu finden, ist auf den ersten Blick nicht leicht. Man darf dabei aber nicht vergessen, dass jeder Blick stets abhängig von der Perspektive ist, aus der er geworfen wird. Das ist hier nicht anders.

Es gibt einen guten Grund, warum Tourengeher ausgerechnet von Kitzbühel, dem Ort, der seit jeher mit dem waghalsigen Abfahrtsrennen auf der Streif assoziiert wird, schwärmen. Dank seiner zumeist sanften Grasberge hat der mondäne Skiort im Unterland Unmengen an perfektem Tourengelände zu bieten. Das Beste daran ist nicht nur der weitaus schwächere Andrang, sondern auch der Umstand, dass die »andere Seite von Kitzbühel« leicht zugänglich ist.

Um diese kennenzulernen, muss man sich eigentlich nur um 180 Grad drehen, Hahnenkamm, Steinbergkogel und Konsorten den Rücken kehren, und den Blick auf die weit weniger bekannte Ostseite des Leukentals beziehungsweise des »Leikntoi«, wie es hier heißt, richten. Abgesehen von dezenten Ausnahmen wie dem Kitzbüheler Horn oder der Bichlalm ist diese bis zum Pass Thurn von Schneekanonen und Speicherteichen verschont geblieben. Künstlich beschneien ist hier ohnehin nicht vonnöten, denn auf den Almböden ist auch in weniger guten Wintern schnell eine brauchbare Unterlage aufgebaut.

Ein tiefer Graben, dreierlei Gestirn

Das Grüntal nimmt im Nachbarort Aurach oberhalb des Gasthofs Hechenmoos seinen zurückhaltenden Anfang und verläuft in südöstlicher Richtung. An seinem Beginn ist das Tal eng, fast grabenartig und, da muss man ehrlich sein, noch nicht besonders wundervoll. Auch auf der Forststraße, die im Winter zur Rodelbahn umfunktioniert wird und deswegen stets präpariert ist, geht es anfangs noch unspektakulär los. »Highlight« der ersten halben Stunde ist die Ruine des alten Pochwerks. Die anfängliche Geduld macht sich aber spätestens dann, wenn der Aufstieg nach einer halben Stunde orografisch links Richtung Kelchalm geht, bezahlt. Bei der Bochumer Hütte tritt das Tal, das vom felsigen Dreigestirn Tristkogel, Gamshag und Schützkogel umkränzt wird, sogleich in seiner wilden Pracht in Erscheinung.

Oberhalb der Hütte geht es durch eine breite Schneise bis zum oberen Waldrand. Der Wanderweg Richtung Laubkogel wäre zwar auch eine Aufstiegsoption, schneller ist es aber, sich rechts zu halten und entlang der Markierungen an den Bäumen höher zu gehen. Eine steile Waldschneise erklimmt man mit einigen Spitzkehren und gelangt dann bis zu einem Plateau. Auf einer Forststraße geht es 150 Meter flach nach rechts bis zur nächsten freien Lichtung. Dann über eine Bauminsel auf den Verbindungskamm zwischen Hahnenkampl und Rauber. Über den Nordrücken geht es dann hinauf zum Gipfelkreuz des Rauber (1972 m). Dort angekommen, kann man den benachbarten Saalkogel (2006 m) eigentlich auch gleich mitnehmen. Über eine Senke und den breiten, ein wenig steileren Westhang ist das im Nu möglich.

Direkt oder schön

Bei der Abfahrt vom Rauber gibt es zwei Varianten: die direkte oder die schönere. Es ist nachvollziehbar, dass wir Letztere hier beschreiben wollen. Sie verläuft vom Gipfel erst in südlicher Richtung auf den Tristkogel zu und macht dann einen Rechtsbogen hinab zur Oberkaseralm. Ehe man sichs versieht, steht man inmitten weiter, leicht gewellter Wiesenhänge, die für die Gegend rund um Kitzbühel so typisch sind. Diese Hänge sind vielleicht nicht irrwitzig steil, ziehen sich aber oft eine halbe Ewigkeit bis zum Talgrund. Und sie haben noch einen entscheidenden Vorteil:

Deftige Nordstaus sind nicht nötig, damit sie sich flugs in Pulverparadiese verwandeln. Ein paar Stunden flockigen Niederschlags reichen manchmal schon, damit man mit Schneefahnen im Windschatten und vor Freude juchzend talwärts düsen kann.

Die doppelte Hütte

Die Kelchalm müsste es eigentlich zweimal geben. In der ersten könnte man sich im Aufstieg für den Gipfelsturm kurz stärken, in die zweite sich setzen, wenn die Tour fertig ist und man Kalorien tanken muss. Leider sind Verdopplungen dieser Art nicht vorgesehen, weswegen man für die zünftige Mahlzeit nach der Tour vom Kelchalmweg noch mal knapp 150 Höhenmeter aufsteigen muss. Das macht sich aber mehr als bezahlt. Hüttenwirtin Ilona Hultsch kann nicht nur unverschämt gut kochen, sie hat auch lange als psychologische Beraterin und Coach gearbeitet und hier eine ganz spezielle Entspannungsatmosphäre geschaffen.

Wer im Abfahrtsmodus bleiben will, muss auch nicht hungrig heimfahren. Im Gasthof Hechenmoos, der sich genau an der Kreuzung zur Bundesstraße befindet, wird man auch zünftig bewirtet.

Daten & Fakten zur Tour

Ausgangspunkt
Rodelbahn Wiesenegg (896 m)

Anfahrt
Von Westen kommend über Wörgl nach Kitzbühel oder von Osten über Mittersill und den Pass Thurn, bis man fünf Kilometer südlich von Kitzbühel beim Gasthof Hechenmoos abzweigt. Von da noch ein Kilometer bis zum Rodelbahnparkplatz bei der Grüntalkapelle.

Aufstieg und Abfahrt
Über den Rodelweg bis zu einer Abzweigung und dann links zur Kelchalm/Bochumer Hütte (1432 m). Durch eine breite Schneise zum Waldrand und entlang der Markierungen über eine Waldschneise auf ein flaches Plateau. Nun aufwärts zu einer Bauminsel und in mehreren Kehren über den breiten Nordrücken hinauf zum Gipfelkreuz. Abfahrt über den ersten Gipfelhang und durch breite Schneisen in westlicher Richtung zur Niederkaseralm und danach talauswärts zur Rodelbahn.

Variante
Vom Gipfel in südlicher Richtung abwärts genau auf den Tristkogel zu, dann in einem Rechtsbogen hinab zur Oberkaseralm und über wunderschöne freie Hänge hinab in den Talgrund.

Weitere Touren in der Umgebung
→ Gamshag (2178 m)
→ Tristkogel (2096 m)

Kulinariktipp
Sämtliche verwendete Zutaten auf der Kelchalm tragen das Siegel »So schmecken die Berge« und sind somit allesamt aus der Region. Das Schweinefleisch stammt von der Kelchalm selbst.

Fast wäre der Lift für immer stillgestanden. Ein moderater Anstieg mit enormem Abfahrtspotenzial hat dazu geführt, dass die Bichlalm als Off-Piste-Hit eine zweite Chance bekommen hat.

Stuckkogel ↗ 1888 m

Auferstehung im Aschbachtal

Lage
Kitzbüheler Alpen

Gipfel
Stuckkogel (1888 m)

Einkehr
Rosis Sonnbergstuben (1170 m),
Berggasthof Bichlalm (1600 m)

Anforderung im Aufstieg
990 Hm, 3 h

Kondition ●●○○○
Technik ●○○○○
Gesamt ●●○○○

Schweben und sprinten

Eine gefühlte Ewigkeit. So lange dauerte einst die Liftfahrt zur Bergstation der Bichlalm. Wer darauf verzichtet hatte, vor dem rumpeligen Ritt auf die Toilette zu gehen, dem konnte diese Nachlässigkeit leicht zum Verhängnis werden. Hatte man einmal auf dem Einsitzer-Sessellift Platz genommen, um in gefühlter Zeitlupe über die verschneiten Almen zu schweben, war man gefangen.

Nach einem rekordverdächtigen Skischuh-Sprint zur Toilette in der Bergstation ging die Bergfahrt dann mit zwei Schleppliften weiter. Der erste unterhalb des Hochetzkogels war so steil, dass man das Gefühl hatte, auf dem Bügel sitzend senkrecht eine Wand hinaufzufahren. Der zweite hinauf zum Stuckkogel kam bei jeder Fahrt verlässlich ins Stocken. Manchmal blieb er sogar minutenlang stehen. All das nahm man in Kauf, denn das gehörte zu einem Skitag auf der Bichlalm dazu – wie der erlesene Schnee, den man im Gebiet rund um den Stuckkogel oft finden konnte. Wenn der Tag richtig gewählt war, dann hatte man dort ein kleines Pulverparadies zu seinen Skispitzen.

Die letzte Runde

Auf der Bichlalm konnte man stets eine Aura spüren, die es aus einem vergangenen Skizeitalter in die Gegenwart getragen hatte. Als rundum beheizte 8er-Sessellifte aufkamen, die Skifahrer in wenigen Minuten auf den Gipfel katapultierten, nahmen immer weniger Leute auf dem laut ratternden Bichlalm-Lift Platz. Irgendwann kam der Tag, an dem die harten Plastiksessel ihre allerletzte Runde drehten. Danach waren es nur mehr Tourengeher, die rund ums Aschbachtal ihre Spuren legten. 2015 wurde der Lift neu gebaut, um nach dem Vorbild kanadischer »Off-Piste«-Gebiete die freien Hänge sanft erschließen zu können. Ein Lift, eine Aufstiegsspur, fertig. Die Auferstehung zum Skitourengebiet Bichlalm war vollzogen.

Eine Frage der Motivation

Die Tour auf den Stuckkogel (1888 m) ist für Skitouren-Neulinge wie gemacht. Wo früher Pisten waren, planiert der Ratrac heute eine überbreite Aufstiegsspur für Gehmotivierte. Wer will, kann natürlich auch eine eigene Spur über die teilweise recht steilen Wiesen legen. Um die Kondition nicht überzustrapazieren, kann aber auch mit dem Auto gemütlich zur Mittelstation gefahren und die Tour entsprechend verkürzt werden. Wenn die Südhänge im Frühjahr schon aper sind, bleibt einem nichts anderes übrig.

Bei der Bergstation der Bichlalm angelangt, geht es unterhalb der Lawinenverbauungen vorbei zum ausladenden Sattel zwischen Hochetzkogel und Stuckkogel. Zum Stuckkogel wendet man sich nach Osten und gelangt über den breiten Rücken hinauf zu einer kleinen Hütte. Diese hinter sich lassend geht es zuerst auf einen unschweren Grat und von dort aus mit wenigen Schritten zum Gipfelkreuz.

Die bessere Entscheidung

Die meisten Tourengeher entscheiden sich dafür, zurück zur Bergstation der Bichlalm und von dort aus über die Wiesenhänge im Bereich der Liftrasse abzufahren. Da spricht freilich nichts dagegen und im Hochwinter ist diese Variante durchaus reizvoll. Den weitaus besseren Schnee findet man aber gegenüber, auf den westseitigen Hängen oberhalb des Aschbachtals. Um dorthin zu gelangen, fährt man vom Stuckkogel am Grat – beziehungsweise leicht daneben, sollte dieser überwechtet sein – südwärts Richtung Brunnerkogel (1749 m). Im Bereich der Beerenbrandalm taucht man nach rechts Richtung Aschbach in die offenen Pulverhänge ab, wobei man aufpassen muss, dass man nicht zu tief und somit in die Fänge des Aschbachtals gerät. Um das zu vermeiden, fädelt man auf circa 1450 m in eine Forststraße ein und hangelt sich leicht links haltend über Wiesen und Lichtungen, die nur von kurzen Waldstücken getrennt sind, bis zum Talgrund und zum Parkplatz Bichlhof zurück. Speziell im unteren Bereich warten wunderbare, flache Wiesen.

Das Beste zweier Welten

Rosi Schipflinger und der Sonnberg – das ist eine lebenslange Verbindung, die bis in ihre Kindheit zurückreicht. Schließlich ist sie hier in sehr einfachen Verhältnissen in einem Bauernhaus groß geworden. Seit 1968 ist sie die Wirtin der »Sonnbergstuben«. Nicht nur eine, die weiß, wie man ein Bierfass anschlägt, sondern auch eine, die immer den richtigen Ton trifft. Als »singende Wirtin« war sie auch im Musik-Business erfolgreich, landete in den Charts und stand mit einer andere Kitzbühler Legende, Toni Sailer, vor der Kamera. Mit der Sonnbergstuben ist Rosi Schipflinger ein seltener Cross-over gelungen. Hier, 1170 Meter hoch über Kitzbühel, mischt sich mondäner Glanz mit uriger Bauernhausatmosphäre. Da Rosi ja in beiden Welten zu Hause ist, gelingt ihr das authentisch und ungekünstelt. »I mog die Leit. Das hab ich schon als kleines Mädl gemerkt«, sagt Rosi Schipflinger.

Abgesehen von der Atmosphäre ist auch das Essen hervorragend, was Rosis Sohn Fridel zu verdanken ist. Er ist der kulinarische Solarplexus der Sonnbergstube. Ausgezeichnet schmeckt hier oben alles, der Kaiserschmarrn ist zum Niederknien.

Daten & Fakten zur Tour

Ausgangspunkt
Talstation des Sessellifts Bichlalm

Anfahrt
Am südlichen Ortsende von Kitzbühel (Richtung Pass Thurn) links (ostwärts) durch die Badhaussiedlung bis zum großen Parkplatz der ehemaligen Bichlalmbahn.

Aufstieg und Abfahrt
Vom Bichlhof steigt man entlang des Sessellifts auf. Die Spur ist fast immer präpariert. Beim Berggasthof Bichlalm im freien Gelände weiter Richtung Norden und dann Richtung Osten auf den Stuckkogel (1888 m) zu. Nach einer kleinen Hütte, der ehemaligen Bergstation des Sessellifts, ist das Gipfelkreuz in wenigen Minuten erreichbar.

Abfahrt vom Stuckkogel leicht abwärts am Grat Richtung Brunnerkogel (1749 m), dann südwestlich Richtung Beerenbrandalm und über herrliche Wiesenhänge bis zum Ortsteil Schmaleck, dann zurück zur Talstation.

Weitere Tour in der Umgebung
→ Gaisberg (1798 m)

Selber Start, andere Richtung: Das Spertental beginnt kurioserweise genau da, wo auch die weltgrößte Skischaukel ihren Ausgangspunkt hat, in Aschau. Das ist aber auch schon die einzige Gemeinsamkeit dieser beiden Antipoden. Abgesehen davon gehen Tourengeher und Pistenfahrer getrennte Wege.

Großer Tanzkogel ↗ 2097 m

Zeit, das Skibein zu schwingen

Lage
Kitzbüheler Alpen

Gipfel
Großer Tanzkogel (2097 m)

Einkehr
Oberlandhütte

Anforderung im Aufstieg
1090 m, 3,5 h

Kondition ⬤⬤⬤○○
Technik ⬤⬤⬤○○
Gesamt ⬤⬤⬤○○

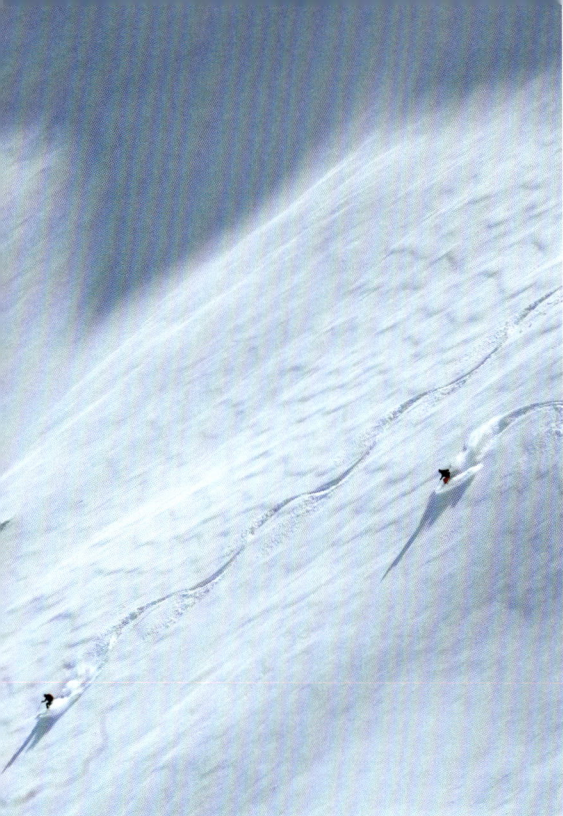

Apropos »getrennt«: Diese Eigenschaft trifft auch auf das Spertental selbst zu. Hinter dem Ort Aschau teilt es sich nämlich in Oberer und Unterer Grund. Welche Seite des Tales nun die schönere ist, bleibt Geschmackssache und somit unentscheidbar. Hüben wie drüben gewinnt das Spertental in gemächlichen Wellen langsam an Höhe, bis man entweder das Schöntaljoch (Oberer Grund) oder die Geigenscharte (Unterer Grund) erreicht. In beiden Fällen gelangt man in den Salzburger Pinzgau.

Ein flaches Willkommen

Der »gmiatliche Talhatscher« über die gesperrte Mautstraße ist vielleicht nicht atemberaubend, für ein 40-minütiges Tratscherl ist er aber wie gemacht. Bei der Hintenbachalm (1141 m) beginnt sich das Tal dann merklich zu öffnen. Hier überquert man den Bach und wandert auf der rechten Hangseite Richtung Labalm (1263 m). Dort angekommen steht das Spertental zum ersten Mal in seiner ganzen Ausdehnung da. Als Tourengeher fühlt man sich sofort herzlich willkommen, denn auf den ersten Blick sieht es tatsächlich so aus, als wäre hier Platz für eine Million Spuren. Es ist, als würde das Tal sagen: »Fahr, wo du willst, hier ist genug Platz«.

Der Große Rettenstein (2366 m) der den Oberen vom Unteren Grund trennt, scheint auf den ersten Blick nicht ganz hierher zu passen. Mit seinen felsdurchsetzten Steilflanken ist er die steingewordene Antithese zur Gemächlichkeit der sanften Bergrücken rundum und gleichzeitig auch eine Erinnerung daran, dass es auch hier drinnen mal wild sein kann.

Von der Labalm aus geht es nun weiter zur Angereralm und dann zur Stockeralm bis man zum Waldrand gelangt. Unterhalb von diesem quert man in westlicher Richtung in einen engen Graben zwischen Kleiner Tanzkogel (1974 m) und Gerstinger Joch (2035 m). In dessen Enge hält man sich nicht lange auf, denn man überquert den Bach bei erster Gelegenheit, um dann in Spitzkehren Richtung Haglanger Hochalm aufzusteigen. Diese Passage bis zur Waldgrenze erfordert auf gut 150 Höhenmetern zwar einige Spitzkehren, aber die bleiben dafür fast die einzigen des Tages.

Auf der Haglanger Hochalm lässt man das Hochtal zwischen Kleiner und Großer Tanzkogel rechter Hand liegen und steuert in südlicher Richtung den Gratrücken des Großen Tanzkogels an. Über diesen gelangt man problemlos zum Gipfel.

Gipfelunruhe

Auch wenn die Aussicht dort oben prächtig ist und der Wilde Kaiser wie ein Einser dasteht, fällt es nicht ganz leicht, ruhig zu sitzen. Der Grund ist der Blick auf die bevorstehende Abfahrt durch ein gewaltiges Kar, das sich von der Scharte zwischen Tanzkogel und Schwarzkarkogel (2089 m) über 400 Höhenmeter hinunter zur Stallbach Grundalm zieht. Wenn auf der nördlich ausgerichteten Seite der Pulver funkelt,

dann wollen die Beine einfach nicht ruhig in der Gegend rumstehen, sondern schnellstmöglich in kurzen Schwüngen hinunter swingen. Nach einer nicht enden wollenden Wedelei auf der nordöstlichen (rechten) Karseite bäumt sich die Waldgrenze undurchdringlich auf. Hier quert man in südlicher Richtung, bis man eine Forststraße erreicht, die einen ein paar Hundert Meter ohne große Umstände am Talgrund wieder ausspuckt.

Oberland trifft Unterland

Mit ihrem von der Sonne dunkel gefärbten Holz steht die Oberlandhütte da, als wäre sie schon immer hier gewesen. An ihr vorbeizufahren wäre ein taktischer Fehler, denn nach einer Skitour im Spertental gibt es keinen besseren Ort, um die leeren Akkus mit Speis und Trank wieder aufzuladen. Die Pächter Angela und Johann Papp verwöhnen große und kleine Gäste in den zwei Gaststuben ihrer urigen Hütte mit viel dunklem Holz mit allem, was die Tiroler Küche an Spezialitäten hergibt.

Daten & Fakten zur Tour

Ausgangspunkt
Mautstelle Unterer Grund

Anfahrt
Von der A 12, Wörgl und dem Brixental (B 170) oder von St. Johann in Tirol über Kitzbühel kommend in das Brixental bis Kirchberg. Dort nach Süden in das Spertental einbiegen. Durch Aschau hindurch und an der Oberlandhütte vorbei zum Parkplatz vor der Mautstelle.

Aufstieg und Abfahrt
Taleinwärts Richtung Hintenbachalm. Über den Bach und einen kurzen Hang hinauf zum Gasthof Labalm. Weiter zur Angereralm und dann zur Stockeralm bis zum Waldrand. Nun in westlicher Richtung in einen Graben zwischen Kleiner Tanzkogel und Gerstinger Joch. Steil Richtung Haglanger Hochalm aufsteigen und dann südlich auf einen Rücken, über diesen auf den Gipfel des Großen Tanzkogels (2097 m).

Abfahrt vom Gipfel zur Scharte zwischen Tanzkogel und Schwarzkarkogel (2089 m). Durch ein breites Kar hinunter zur Stallbach Grundalm. Oberhalb des Waldes südlich auf einer Forststraße bis zur Talsohle abfahren.

Weitere Touren in der Umgebung
→ Brechhorn (2032 m)
→ Gerstinger Joch (2035 m)

Mit großer Geste

Lage
Tuxer Alpen

Gipfel
Rastkogel (2762 m)

Einkehr
Rastkogelhütte (2124 m)

Anforderung im Aufstieg
1189 Hm, 4 h

Kondition ●●●●○
Technik ●●●○○
Gesamt ●●●●○

Rastkogel ↗ 2762 m

Im Zillertal gibt es viele Touren. Aber keine beschreibt einen dermaßen perfekten Bogen, wie die Tour auf den Rastkogel von der Zillertaler Höhenstraße aus. Weil das nicht nur auf der Karte gut aussieht, sondern auch in Wirklichkeit gut ist, sollte man diese Tour unbedingt machen.

im Westen
Rastkogel

Wissenswertes

Was die Orientierung im Gelände betrifft, sind Tracks eine kleine Revolution gewesen. Mit ihrer Hilfe kann man sich den Verlauf einer bevorstehenden Tour gut vorstellen. Den Track für die Tour sollte man immer am Handy haben.

Egal, ob Buch oder App: Es gibt keine Tour ohne Track! *Track* ist das englische Wort für »Spur« und bedeutet, dass eine mit Muskelkraft in den Schnee gelegte Aufstiegsspur mittels GPS-Signal aufgezeichnet und die Aufzeichnung dann digital dargestellt wird. Gekritzel, Zickzack, Gekrakel. Rein optisch sind Tracks selten eine Augenweide. Das liegt daran, dass sich die Spuranlage nach der Beschaffenheit des Geländes richten muss. Man kann schließlich nicht überall seine Spur ziehen, muss Hindernissen ausweichen und manchmal in spitzen Kehren gehen.

Wenn es einen Track gibt, der aufgrund seiner Form bemerkenswert ist, dann der auf den Rastkogel. Er beschreibt einen ausladenden Linksbogen, der einer großen Geste ähnelt. Man ist versucht, sich die Armbewegung samt dazu passender Worte eines Präsentators vorzustellen. »Seid willkommen, ihr Skitourengeher. Diesen Berg und sein Tal lege ich euch in all seiner Pracht dar«. Allerdings ist es nicht bloß der bogenförmige Aufstieg, der zu einer Tour auf »den beliebtesten Skitourenberg der Zillertaler Alpen« einlädt. Bei gutem Wetter geht man die ganze Zeit in der Sonne. Das macht diese Tour auch im Hochwinter zu einem attraktiven Ziel.

Mit ein wenig Glück hat man ein Gipfelerlebnis der besonderen Art. Nämlich dann, wenn einem die Everest-Legende Peter Habeler »Berg heil!« zuruft. Der Rastkogel gehört nämlich zu seinen Lieblingsbergen.

Viele Wege führen zum Ziel

Der Rastkogel ist ein Berg, auf den es etliche Aufstiegs- und Abfahrtsvarianten gibt. Am einfachsten erreicht man ihn ab der Mautstelle der Zillertaler Höhenstraße (1812 m). Kurz unterhalb von dieser geht es flach bis zur Sidanalm (1871 m). Unterhalb vorbei an der gut sichtbaren Rastkogelhütte steigt man nun in westlicher Richtung auf das Sidanjoch zu. Gut 150 Höhenmeter unterhalb des Kammes beginnt man nun in ausladendem Bogen in Richtung des gut sichtbaren Rastkogels zu queren. Gerade am Anfang vermeint man eben zu gehen, so gering ist der Höhengewinn. Bis man unter dem Roßkopf (2576 m) steht, hat man mit ein wenig Auf und Ab gerade einmal 200 Höhenmeter erwirtschaftet.

Mit etwa 50 Metern Höhenverlust geht es nun in die Schneegrube (circa 2250 m) hinab. Unterhalb von Dreispitzkopf und Breitenkopf nun in südlicher Richtung bis unter den Osthang des Rastkogels. Über diesen Hang nun direkt und deutlich steiler bis auf einen Vorgipfel zu, wo man auf den Südostgrat trifft. Über einen sehr kurzen Steilaufschwung und dann durch eine kurze Mulde nähert man sich dem felsigen Gipfelaufbau des Rastkogels. Für ein *High five* mit dem geschmiedeten Gipfelkreuz muss man die Skier abschnallen und die letzten Meter zu Fuß gehen.

Das großzügige Gebiet um die Sidanalmen bietet zahlreiche Abfahrtsmöglichkeiten, die man gut auf die Bedingungen abstimmen kann. Für eine Einkehr auf der Rastkogelhütte darf man nicht zu tief abfahren, um den Gegenanstieg so gering wie möglich zu halten.

Daten & Fakten zur Tour

Ausgangspunkt
Gasthof Mösl

Anfahrt
Von der A 12 Inntalautobahn ins Zillertal abbiegen. Von der Inntalautobahn ins Zillertal und dann bis Hippach. Im Ort rechts der Beschilderung »Zillertaler Höhenstraße« folgen. Hinauf zum Gasthof Mösl (gebührenpflichtig) und dort parken.

Aufstieg und Abfahrt
Beim Gasthof Mösl beginnt ein ansteigender Ziehweg Richtung Sidanalm, dann auf einem leicht abfallenden Weg in einem Bogen flach ins hintere Sidantal (kleine Hütte mit Holzkreuz im Karboden). Unter dem Roßkopf (2576 m) abwärts in die Schneegrube (circa 2250 m) und nun in südlicher Richtung bis unter den Osthang des Rastkogels. Nun deutlich steiler in Richtung Südostgrat. Nach einem kurzen Steilaufschwung zum Gipfel, Abfahrt über die weitläufigen Sidanalmen.

Weitere Tour in der Umgebung
→ Pangert (2550 m)

Lampsenspitze ↗ 2875 m

Die Lampsenspitze ist ein Berg für alle Fälle. Weil es den Fall, der eine Tour auf diesen Berg verunmöglicht, so gut wie nie gibt, ist »die Lampsen«, wie sie liebevoll genannt wird, nicht nur die beliebteste Skitour im Sellrain, sondern vielleicht sogar in ganz Tirol.

Für immer in Mode

Lage
Stubaier Alpen

Gipfel
Lampsenspitze (2875 m)

Einkehr
Gasthof Praxmar

Anforderung im Aufstieg
1180 Hm, 3,5 h

Kondition ●●●○○
Technik ●●●○○
Gesamt ●●●○○

Das Argument, auf der Lampsenspitze sei hin und wieder mal »ein bissl was los« und das Auffinden von noch unverspurtem Gelände als logische Folge davon nicht immer ganz leicht, soll hier nicht entkräftet werden. Dieses stimmt nämlich zu 100 Prozent. Doch egal, wie viele Menschen auf diesen Berg hinaufgehen, dem Berg und dem Erlebnis tut das keinen Abbruch. »Die Lampsen« mag man eben! So beliebt ist dieser Berg ja nur, weil er viel zu bieten hat.

Die Sinne schärfen

Der Ausgangspunkt gleich beim Alpengasthof Praxmar ist in verpflegungs-technischer Hinsicht ideal, die skitechnischen Anforderungen des Berges selbst minimal und das Gelände auch bei wenig Schnee eine rechte Gaudi zum Befahren. Weite Hänge sucht man hier zwar vergebens, aber das ist eher ein Vorteil als ein Nachteil, speziell wenn es um den Aspekt der Lawinengefahr geht. Wenn man sich im Bereich des Auf- und Abstiegskorridors aufhält, ist man im Grunde gut aufgehoben, doch auch auf der Lampsen soll schon Schnee ins Rutschen geraten sein. Das muldige Gelände, in dem es in der einen oder anderen Rinne schon mal kurz steil werden kann, ist prädestiniert für kleinräumige Schneebretter.

Um die Sinne für die weiße Gefahr zu schärfen, wurde auf der Lampsenspitze ein spezieller Tourenlehrpfad eingerichtet, dessen Hinweistafeln den Aufstieg flankieren und auf unterschiedliche Aspekte der Lawinengefahr aufmerksam machen. Eine lehrreiche Sache!

Einschalten, bitte!

Der Pieps-Checkpoint gleich am Anfang der Tour erinnert daran, wie wichtig es ist, nicht nur ein LVS am Körper zu tragen, sondern dieses auch einzuschalten. Der Skitourengeher, der das noch nicht vergessen hat, existiert höchstens in der Fantasie. Diejenigen, die glauben, man müsse sein LVS erst auf dem Gipfel aktivieren, sollten wissen, dass auch Aufsteigende mit Schneebrettern schon die rasante Talfahrt angetreten haben.

Auf dem Forstweg geht es nun weiter, bevor man nach rechts zu der kleinen Piste abzweigt und durch den Zirbenwald immer wieder kreuzend mit der Rodelbahn bis zur Kogelhütte aufsteigt. Bald darauf gelangt man zu dem sogenannten »Steinmandlhang«, den man in einigen Spitzkehren überwindet. Spätestens jetzt merkt man, dass hier auf der Lampsen »immer was geht«. Das Gelände mit seinen vielen Mulden und Kuppen hat auch dann noch Unverspurtes zu bieten, wenn die Zahl der Abfahrtsspuren dreistellig ist. Man muss halt ein wenig suchen. Auf einer Einsattelung auf circa 2770 Meter angelangt, heißt es, abschnallen und den zumeist abgeblasenen Rücken ohne Skier in Angriff zu nehmen. Ein kleiner Wermutstropfen, den das Sellrainer Panorama aber im Nu vergessen macht.

Daten & Fakten zur Tour

Ausgangspunkt
Gasthof Praxmar

Anfahrt
Über die Inntalautobahn die Ausfahrt Kematen nehmen und von dort Richtung Sellraintal bis nach Gries im Sellrain. Gleich gegenüber dem Gemeindezentrum links ins Lüsenstal abbiegen und bis zur Ortschaft Praxmar fahren. Kostenpflichtiger Parkplatz beim Gasthof Praxmar.

Aufstieg und Abfahrt
Vom Parkplatz nach dem Alpengasthof Praxmar am Fahrweg entlang und bei der ersten Wegverzweigung rechts halten. Dann über die Skipiste zum Waldrand und weiter in Richtung Schönbichl (2344 m). Auf die Einsattelung (2770 m) unterhalb der felsigen Lampsenspitze zu und dann zu Fuß über den meist abgeblasenen Grat zum großen Gipfelkreuz (2875 m). Abfahrt entlang der Aufstiegsspur.

Weitere Touren in der Umgebung
→ Grieskogel (2710 m)
→ Roter Kogel (2832 m)

Kulinariktipp
Gletscherpfandl oder Forellenfilet »Müllerin Art« – das ist die »Qual der Wahl« beim Praxmar. Hervorragend sind nämlich alle beide. Beim Nachtisch fällts leicht: Einmal Kaiserschmarrn, bitte.

Am richtigen Fleck
Das Gasthaus Praxmar hat eindeutig einen Standortvorteil. Theoretisch könnte man nämlich mit den Skiern bis zum Tisch fahren. Theoretisch, denn Skispuren werden am Teppichboden nicht gern gesehen. So viel Übereifer ist aber ohnehin nicht vonnöten, denn auch ohne Skier kommt man in den Genuss der kulinarischen Köstlichkeiten, die hier zubereitet werden. Die Rohstoffe dazu stammen nämlich aus der hauseigenen Landwirtschaft, Jagd und Fischerei.

Die ersten Skitouren machen viele Einsteiger heute auf der Piste. Aber wie schafft man den Sprung ins Gelände, ohne sich zu überfordern? Man sucht sich einfach eine Tour, die beide Aspekte beinhaltet. Eine Tour wie die auf den Pirchkogel (2828 m) in den Stubaier Alpen zum Beispiel.

Pirchkogel ↗ 2828 m

Mit gutem Gewissen

Lage
Stubaier Alpen

Gipfel
Pirchkogel (2828 m)

Einkehr
Dorfstadl,
Dortmunder Hütte (1950 m)

Anforderung im Aufstieg
800 Hm, 2,5 h

Kondition ●●●○○
Technik ●●○○○
Gesamt ●●●○○

Das ist besonders
Die Tour auf den Pirchkogel ist dank Liftunterstützung absolut kindertauglich. Einen besseren Platz, um den Nachwuchs hochalpine Luft atmen zu lassen, gibt es kaum.

Wissenswertes
Die Rinne zwischen Hinterer Grieskogel und Pirchkogel ist oft eingeweht und deshalb nicht ganz ungefährlich. Bei geringer Schneemächtigkeit schauen auch im oberen Teil die großen Steine heraus.

Mit oder ohne, das ist hier die Frage. Eine Frage, die manchmal weniger von körperlicher Fitness und mehr von der momentanen Laune abhängt. 430 Höhenmeter sitzend in der Gondel zu überwinden, klingt nicht nur verführerisch gemütlich, sondern ist obendrein auch um ein Vielfaches schneller als ein Aufstieg mit reinem Muskelantrieb. Andererseits haftet einer solchen Aktion auch ein klitzekleiner Makel an. Dem Dogma des Skitourengehens, sich jeden Schwung selbst zu verdienen, kann man damit nicht gerecht werden. Andererseits sollte man sich gerade am Anfang der Skitourenkarriere nicht unnötig selbst traktieren. Im Laufe einer solchen wird man das ohnehin öfter tun müssen, als einem lieb ist. Eins vorweg: Das Tourenerlebnis leidet unter der kleinen »Schummelei« im Aufstieg keineswegs. Erstens hat man auf den ersten Metern, die man im freien Gelände zurücklegt, ohnehin alle Hände und Füße voll zu tun, und zweitens bleiben noch genügend Meter über, die man sich selbst erarbeiten muss.

Der Geschmack kalter Luft
Von der Bergstation (2429 m) der Kaiserbahn geht es in nördlicher Richtung flach durch eine Senke. Kurz bevor es auf einen ausgeprägten Rücken geht, wird aufgefellt. Bei einem Gedenkkreuz gilt es als Nächstes den steilen Nordhang des Grieskogels zu queren. Die Anstrengung hält sich hier zwar noch in Grenzen, dafür macht sich ein anderes Gefühl breit. Man merkt deutlich, dass man sich hier im hochalpinen Raum befindet. Die Luft schmeckt kälter, der Wind ist schneidiger, alles wirkt ein wenig schroffer. Den Hang, durch den man sich nun Kehre für Kehre nach oben arbeitet, sollte man im Auge behalten. Trotz der Nähe zum Skigebiet darf er keinesfalls unterschätzt werden. Man erreicht den Grat, von dem aus der Weg nach rechts hinaus auf den flachen Rücken führt. Danach geht es auf einem mäßig steilen Rücken hinauf zum Gipfel.

Dorfstadl
Im Gegensatz zu seinem landwirtschaftlichen Namenspatron kann man im Dorfstadl à la carte essen, ohne dass trockenes Gras das Hinterteil traktiert. Wer auf der Suche danach also Ausschau nach einem tatsächlichen Stadl hält, wird ihn nicht finden. Mit dem Gebäude zur Heuaufbewahrung hat er nicht mehr viel gemeinsam. Schon allein deswegen, weil eine Kuh auf seinem First thront.

Müsste man sich unter all den Speisen für eine entscheiden, dann wäre das der hausgemachte Kaiserschmarrn. Der ist sensationell gelungen.

Daten & Fakten zur Tour

Ausgangspunkt
In Kühtai auf dem Parkplatz der Seilbahn-Talstation

Anfahrt
A 12 Inntalautobahn bis westlich von Innsbruck, Abfahrt Kematen. Hier weiter ins Sellraintal und bis hinauf nach Kühtai.

Aufstieg und Abfahrt
Bei der Bergstation der Kaiserbahn in eine Senke und links haltend in das weite Kar zwischen Vorderem (links) und Hinterem Grieskogel (rechts). Das Kar unter der Grieskogelscharte links liegen lassen und um den Kamm, der sich vom Hinteren Grieskogel herunterzieht, herum. So erreicht man die Mulde (Schlüsselstelle!) unter der Nordflanke des Hinteren Grieskogels. Durch diese und etwas nach rechts zum ostseitigen Gipfelhang. Rechts zum Kamm und auf ihm zum höchsten Punkt. Abfahrt im Bereich der Spur.

Weitere Tour in der Umgebung
→ Vorderer Grieskogel (2671 m)

Wintervergnügen, Unterhaltung und Naturerlebnis: Hoch-Imst ist ein gern gesehenes Ausflugsziel für gesellige Wintersport-Liebhaber – sowohl für Einheimische als auch Gäste.

In der Spur von Angy Eiter

Vorderes Alpjoch ↗ 2121 m

Wo Unterhaltung in der Idylle wohnt

Lage
Lechtaler Alpen

Gipfel
Vorderes Alpjoch (2121 m)

Einkehr
Untermarkter Alm (1491 m)

Anforderung im Aufstieg
1070 Hm, 4 h zum Gipfel
450 Hm, 1,5 h zur Untermarkter Alm

Alpjoch (2030 m)
Kondition ●●●○○
Technik ●●○○○
Gesamt ●●○○○

Untermarkter Alm (1491 m)
Kondition ●○○○○
Technik ●○○○○
Gesamt ●○○○○

im Westen
Vorderes Alpjoch

im Westen
Vorderes Alpjoch

Das ist besonders
Die große sonnenverwöhnte Terrasse der U-Alm und die tirolerischen Schmankerl laden zum Verweilen ein.

Jeden Winter sorgen die leichte Erreichbarkeit und der geräumte gebührenfreie Parkplatz im Skigebiet Hoch-Imst für regen Ansturm. Um das drängelnde Bergvolk gleichmäßig zu verteilen, wurde ein breites Freizeitangebot von präparierten Pisten über Schneeschuhtrails, Rodelstrecken bis hin zu eigens eingerichteten Aufstiegsrouten für Skitourengeher von den Imster Bergbahnen auf die Beine gestellt.

Auf den bequemen Aufstieg mit der Bahn verzichte ich heute lieber und schlage den Ursprungsweg linksseitig der Piste ein. Als Pisten-Aufsteiger gelte ich längst nicht mehr als Exot: Die Aufsteiger überbieten die Abfahrer heute sogar. Ich wähle die Variante 1 der markierten

im Westen
Vorderes Alpjoch

Aufstiegsrouten durch den Kiefernwald, die abhängig von den Schneeverhältnissen mehr oder weniger gut zu begehen sind. Heute habe ich Glück: Neuschnee in Hülle und Fülle. Somit nutze ich diese Gelegenheit aus und lasse mich von dem sogenannten »Pilz-Lehrpfad« unterhalten. Um Lawinengefahr muss ich mich hier nicht allzu sehr sorgen und kann mich ganz auf die körperliche Herausforderung konzentrieren. Ein geschultes Orientierungsvermögen ist hier auch nicht nötig – ich folge einfach den Beschilderungen und kann mich ganz meinen Gedanken hingeben.

Die schneebedeckten Bäume biegen sich unter ihrer Last und sind mir weniger vertraut als im fruchtbaren Grün der Sommermonate. Schon irre, wie unsere Mutter Natur daraus eine prächtige Winterlandschaft formt. Schritt für Schritt fühle ich die Verbundenheit mit der Natur.

Zunächst folge ich dem Pfad, der dann in einen breiten Fußweg übergeht. Die Tour führt mich weiter durch den lichten Kiefernwald nebst spektakulären aus Holz geschnitzten Pilzen. Bald erreiche ich eine Forststraße und steige weiter den Wald hinauf. Immer wieder liebäugle ich linker oder rechter Hand mit dem Alpine Coaster, der längsten Achterbahn der Alpen. Als ich rechts neben mir die Skipiste entdecke, marschiere ich darauf zu und dann die letzten Meter zur Untermarkter Alm weiter.

Diejenigen, die bei der Ankunft an der U-Alm noch nicht auf ihre körperlichen Leistungsgrenzen stoßen, können weiter der Piste entlang ins Alpjoch aufsteigen.

Die Abfahrt auf den feinst präparierten Pisten bleibt in beiden Fällen ein krönender Abschlussgenuss. Die bequeme Abfahrt schult mein bescheidenes skifahrerisches Können, das Reaktionsvermögen und die Koordination. Am Abend erzähle ich meinem Mann von dem wunderschönen Tag. Er freut sich und fügt gleich hinzu, dass die milden Temperaturen sogar schon wieder zum Felsklettern einladen und sie morgen durchstarten wollen. Ich solle doch mitkommen. Wie schön … Klettern ist wieder möglich. Doch gleichzeitig sind auch die Pistenverhältnisse ideal. Schon komisch, aber ich möchte das Skitourengehen dem Klettern vorziehen. Mein Mann lacht darüber: »Es dauerte Jahre bis ich dich wieder mal auf die Piste bringe und jetzt hat es vor dem Klettern Priorität. Schön, Fraule. Die wahre Klettersaison kommt ja erst.«

im Westen
Vorderes Alpjoch

Daten & Fakten zur Tour

Ausgangspunkt
Hoch-Imst/ Tourengeher-Parkplatz

Anfahrt
Von Osten kommend auf der A 12/E 60 die Ausfahrt Imst/Pitztal nehmen. Im Zentrum von Imst bis zur Sparkasse und dort links Richtung Hoch-Imst abbiegen.

Aufstieg
Vom Ursprungsweg/Parkplatz geht es zum Tourenweg »Ursprung«. Dort folgt eine Forststraße, die in einen breiten Fußweg übergeht. Diesem Weg zwischen den Felswänden hinauf zum Pilz-Lehrpfad durch den lichten Kiefernwald bis an sein Ende folgen. Dann einen breiten Weg queren und weiter in nordwestlicher Richtung durch den sogenannten »Huhnligwald« aufsteigen. Nach einem weiteren Waldabschnitt steigt man rechts zum Skigebiet bis zur Untermarkter Alm auf. Auf das Alpjoch geht es weitere 600 Höhenmeter der Piste entlang zur Bergstation der Alpjochbahn. Zum Schluss neben der Lawinenverbauung über den Südosthang in einigen Spitzkehren zum Gipfel.

Anmerkung
In Hoch-Imst finden regelmäßig abendliche Skitouren statt (Mittwoch von 18.30 bis 21.30 Uhr mit Fackelbeleuchtung zur Untermarkter Alm als auch zur Latschenhütte und am Freitag mit beleuchteter Skipiste von 18.30 bis 22.00 Uhr).

Im Schatten der Aufmerksamkeit

Lage
Verwallgruppe

Gipfel
Fellimännle (2209 m)

Einkehr
Almhütte Fellimännle (1104 m)

Anforderung im Aufstieg
903 Hm, 4 h

Variante
Lobspitze (2605 m),
1233 Hm, 5 h

Fellimännle (2209 m)
Kondition ⦿⦿⦿○○
Technik ⦿⦿○○○
Gesamt ⦿⦿⦿○○

Lobspitze (2605 m)
Kondition ⦿⦿⦿⦿⦿
Technik ⦿⦿⦿⦿⦿
Gesamt ⦿⦿⦿⦿⦿

Fellimännle ↗ 2209 m

In der Spur von Nadine Wallner

Im Schatten der Aufmerksamkeit lässt es sich gut aushalten. Hier wird man leicht übersehen und hat seine Ruhe. Das Silbertal ist dafür ein gutes Beispiel. Rund um dieses Tal stehen Berge, auf denen mindestens genauso viel Schnee liegt wie am prominenten Arlberg. Die Menschen, die hier ihre Spuren ziehen, sind aber weitaus weniger.

Silber. Das war es, was die erste Besiedlung des Tales vor über 1000 Jahren auslöste. An den Hängen des Kristbergs (1430 m), wo heute die Gondeln rauf- und die Skifahrer runterfahren, wurde Jahrhunderte lang eifrigst nach dem edlen Metall gegraben. Heute braucht man weder Schaufel noch Krampen, um im Silbertal etwas Wertvolles zu finden. Ein Paar Skier, ein paar Stunden und die Lust auf Berge reichen schon.

Innerer Schmuck

Aus dem, was man heute im Silbertal findet, kann man keine Armbänder, Ringe oder Halsketten machen. In materieller Hinsicht ist hier einfach nichts zu holen. Das macht aber gar nichts. Wenn man auf dem aufklappbaren Holzbankerl bei der Gretschalpe in der Sonne oder am Gipfel des Fellimännle sitzt und mit jedem Schluck Tee aus der Thermoskanne geistig die Weite des Tales einsaugt, dann glitzert ein solcher Moment mindestens ebenso hell wie das edelste Metall. Schmuck trägt man außen am Körper, ein erlebter Augenblick schmückt von innen – in Form einer Erinnerung. Das hat den großen Vorteil, dass man ihn nicht verlieren kann.

Das Silbertal bietet viele Möglichkeiten, zwei davon wollen wir hier kurz vorstellen: das Fellimännle (2209 m) und die Lobspitze (2605 m). Die Lobspitze ist einer der Lieblingsberge der Freeride-Weltmeisterin Nadine Wallner. Wohnhaft in Wald am Arlberg kennt Nadine die Verwallgruppe wie ihre Westentasche. Aufstieg, Abfahrt, Aussicht – das Triple-A-Rating der Lobspitze ist vom Feinsten. Ein Manko hat diese alpine Schönheit dennoch: Außer für Nadine Wallner, die mit Skiern an den Füßen zur Welt gekommen ist, ist dieser Berg alles andere als eine einfache Tour. Doch es gibt auch gute Nachrichten. Mit dem benachbarten Fellimännle gibt es eine softe Alternative, die der großen Nachbarin um nichts nachsteht.

Die Spitze nicht vor dem Gipfel loben

Von der Bergstation der Montafoner Kristbergbahn geht es entlang der Panoramaloipe durch den Muttwald bis Wildried (1562 m). Hier wird kurz (in etwa 100 Höhenmeter) bis zum Burtschabach abgefahren oder leicht bergab gegangen. Vom Talgrund geht es dann an einer Jagdhütte vorbei zur Gretschalpe (1806 m) und dann zum Gretschsee (2188 m), wo sich die Wege teilen.

Zum Fellimännle (2209 m) geht es nun in südlicher Richtung dem schon sichtbaren Gipfel entgegen, wo man sich über Kuppen und Tälchen zum Grat Richtung Gipfel hochschraubt. Der Übergang zum Grat kann ein wenig heikel sein, da in den Westflanken oft Triebschnee liegt.

Zur Lobspitze (2605 m) quert man oberhalb des Sees in östlicher Richtung unterhalb des Lobschildes (2445 m). Die anspruchsvollste Passage befindet sich zwischen dem »Kirchli« und dem Kessel unterhalb des Gipfelaufbaus. Das letzte Stück auf den Gipfel ist durchwegs steil und wird meistens zu Fuß am Rücken begangen. Entweder man legt ein Skidepot an (2400 m) oder man

schleppt die Bretter mit, um bei guten Verhältnissen und ausreichendem Können die Flanke zu fahren. Die Abfahrt führt im Weiteren durchs Tal über das Starke Eck bis ins Silbertal.

Almhütte Fellimännle

Wer Hüttenfeeling der urigen Sorte schätzt, für den führt im Silbertal kein Weg an der Almhütte Fellimännle vorbei. Sie liegt direkt an der Abfahrtslinie. Hat man sie einmal gefunden, will man eigentlich nicht mehr weg. Das Wild ist aus eigener Jagd und die Forelle aus dem Fischteich hinter dem Haus: Beide sind mehr als nur einen Bissen wert. Bevor man in der gemütlichen Atmosphäre der Fellimännle-Hütte für immer versinkt, muss man sich allerdings am Schlafittchen packen. Der Skitag ist noch nicht vorüber, der Rückweg durchs Silbertal steht noch bevor. Den bringt man lieber bei Tageslicht hinter sich.

Das ist besonders
Ein Stückchen Regenrinne hier, eine Ecke Fensterladen da. Bei viel Schnee ist die Hütte nicht ganz leicht zu finden. Dann lugt sie nur in Einzelteilen aus dem Weiß hervor.

Daten & Fakten zur Tour

Ausgangspunkt
Talstation der Montafoner Kristbergbahn

Anfahrt
Über den Arlberg: Abfahrt Bludenz Ost-B 188.

Aus der Schweiz: Autobahn von Zürich oder Chur-Abfahrt Gams (Fürstentum Liechtenstein)-Grenzübergang Tisis (Feldkirch)-A 14 bis Bludenz Abfahrt Ost-B 188.

Aufstieg und Abfahrt
Mit der Kristbergbahn zur Bergstation und auf der Kristberg-Höhenloipe nach Wildried (1562 m). Über einen Pfad ins Wasserstubental abfahren, dann über den Lobsteg zur Gretschalpe (1806 m). Oberhalb der Baumgrenze bis zum Grat zwischen Lobschild und Fellimännle. Von dort auf den Gipfel.

Abfahrt zurück zur Gretschalpe, dann über den Forstweg zum Lobsteg. Im Wasserstubental dem Bachlauf folgend hinausschieben. Am Ende nach einem kurzen Anstieg über den Wanderweg weiter abfahren bis zur Jausenstation Iagahüsli, von dort über die Talloipe zurück durch das obere Silbertal bis zur Talstation Kristbergbahn.

Tschaggunser Mittagsspitze ↗ 2168 m

Die Mittagsspitze oberhalb von Tschagguns ist kaum zu übersehen. Was für ein wilder Zacken! Aus der Nähe ist sie aber weitaus zahmer. Warum? Das findet man am besten selbst heraus.

Eine Spitze zum Kappen

Lage
Rätikon

Gipfel
Mittagsspitze (2168 m)

Einkehr
Gauertal-Hütte (1250 m)

Anforderung im Aufstieg
1151 Hm, 3,5 h

Kondition ●●●●○
Technik ●●●●○
Gesamt ●●●●○

im Westen
Tschaggunser Mittagsspitze

Die Drusentürme, die man in der Gegend »Dri Türm« nennt, bestehen aus dem kleinen (2754 m), dem mittleren (2782 m) und dem großen Drusenturm (2830 m) und sind das unangefochtene Wahrzeichen des Rätikons. Zu Recht, denn so majestätisch steht nicht jeder Berg da. Leider gibt es exakt 1840 Argumente, die für Skitouren-Neulinge gegen eine Tour auf das felsgewordene Dreigestirn sprechen. Jedes davon misst genau einen Höhenmeter.

1840 – in Summe sind das ganz schön viele Höhenmeter für einen Tag. Zu viele für noch jungfräuliche Skitouren-Schenkel. Das Problem lässt sich mit Übernachtung auf der Lindauer Hütte zwar verkleinern, aber dazu braucht es Zeit. Wer diese nur im Ausmaß eines halben Tages hat, muss sich im Gauertal ein zugänglicheres Ziel suchen. Die Tschaggunser Mittagsspitze zum Beispiel.

Eine Frage der Perspektive

Das Problem sieht man bereits auf den ersten Blick, wenn das junge Licht den Gipfel streift. Die Mittagsspitze wird ihrem Namen gerecht. Sie ist wirklich spitz. Fast uneinnehmbar sieht sie von der Talsohle aus. Und da soll man mit Skiern rauf? Gemäß dem Motto aller Prokrastinierer, sich um Probleme erst dann zu kümmern, wenn sie sich nicht mehr ignorieren lassen, verschiebt man diese Frage am besten auf später. Bekanntlich sieht jeder Berg aus der Ferne und von unten steiler aus, als er ist.

Kulinariktipp
Bessere Zutaten werden nirgendwo verarbeitet. Das Gauertalhaus ist nämlich die erste Biozertifizierte Schutzhütte Österreichs.

Vom Parkplatz geht es auf der Skipiste Richtung Lindauer Hütte. Bei einer Weggabelung nach einer Brücke hält man sich links, wo man recht bald auf ein paar Hütten (1170 m) trifft. Hier verlässt man den Weg Richtung Alpilaalpe. Durch eine Waldschneise geht es nun steiler nach oben. Rot-weiße Markierungen an den Bäumen helfen dabei, den rechten Weg nicht zu verlieren. Nach einer etwas steileren Stufe hat man den Wald hinter sich gebracht und erreicht das flache Almgelände der Alpilaalpe (1686 m), an der man rechts vorbeigeht und dann mittels einer opulenten Schleife die steilere Hangpartie oberhalb der Hütte querend überwindet. Nach dieser Querung steht man von Angesicht zu Angesicht mit der Mittagsspitze (2168 m). Und siehe da, sie ist noch immer steil. Über weite Hänge gelangt man mit wenigen Spitzkehren auf eine weite Einsattelung südwestlich unterhalb der Mittagsspitze. Von dort aus ist sie immerhin nicht mehr ganz so spitz wie von Norden betrachtet, sieht aber immer noch ein wenig unzugänglich aus. Das Problem, das man am Morgen schon gewittert hat, ist jetzt nicht mehr ignorierbar.

Eine Frage der Identität

Das weitere Vorgehen ist eine Frage der Motivation, des Mutes und der Identität. Bergsteiger sind ihrem Ethos verpflichtet, sie müssen auf den Gipfel! Aufgrund des gar nicht wenig exponierten Grates sind ein wenig Mut und Trittsicherheit (Klettergelände im Grad I–II) erforderlich.

Ohne alpinistisches Blut in den Adern macht der Gipfelgang keinen Sinn. Wenn es das Wetter zulässt, ist es auf der Scharte ohnehin gemütlicher und der Blick in die absorbierende Weite des südlich gelegenen Tilisunabachtals genauso schön. Von hier kann man im Bereich der Aufstiegsspuren auch sehr schön abfahren: *the easy way out*.

Wer sich als Skifahrer vor dem Schöpfer versteht und nicht nur auf irgendeine, sondern eine sehr gute Abfahrt Wert legt, der muss noch ein paar Höhenmeter drauflegen und am Grat Richtung Schwarzhorn gehen. Kaum 50 Höhenmeter oberhalb des Sattels tut sich ein immenses, nach Nordwesten ausgerichtetes Kar auf, das wohl nur deswegen auf dieser Erde einen Platz hat, damit Skifahrer jauchzend hinunterschwingen können. Als guter Skifahrer sollte man sich das nicht entgehen lassen. Beide, die Scharten- und auch die Karvariante, führen zurück zur Alpilaalpe.

Taktische Fehlervermeidung

Bloß nicht zu tief abfahren und schon gar nicht gleich bis zum Auto, lautet das Motto. Man würde sich sonst um einen Besuch bei der Gauertal-Hütte (1250 m) bringen und das wäre ein grober taktischer Fehler. Diese ist nämlich fest in den Händen der beiden Biobauern Andrea und Daniel Mangeng aus Tschagguns. Und diese Hände tun in jeder, vor allem aber in kulinarischer Hinsicht, Gutes. Eine wichtige Rolle spielt dabei der nicht minder empfehlenswerte Kristahof in Tschagguns, den das Paar ebenso vortrefflich führt. Viele der Rohstoffe gelangen von dort hierher, für den Rest der Zutaten sorgt ein Potpourri aus erlesenen Regionalbetrieben. Schmackhafter und gesünder gehts wirklich nicht.

Daten & Fakten zur Tour

Ausgangspunkt
Wanderparkplatz am Feuerwehrhaus in Latschau (992 m)

Anfahrt
Über die A 14 nach Bludenz und dann Richtung Montafon. In Tschagguns rechts nach Latschau abbiegen und immer der Hauptstraße folgen, bis man das Feuerwehrhaus erreicht.

Aufstieg und Abfahrt
Von Latschau durch das Gauertal in Richtung Lindauer Hütte, dann links hinauf bis zum Waldrand. Durch den Wald bis zur Alpilaalpe (1686 m). Oberhalb dieser links queren und dann über einen weiten Hang zu einer markanten Scharte unterhalb der Tschaggunser Mittagsspitze (Skidepot). Von hier in östlicher Richtung in circa 100 Höhenmetern zum Gipfel. Abfahrt von der Scharte bis zur Alpilaalpe und dann durch den Wald.

Weitere Tour in der Umgebung
→ Lindauer Hütte (1744 m)

im Westen
Tschaggunser Mittagsspitze

Vergaldner Schneeberg ↗ 2588 m

Unauffällig,
aber schön

Lage
Rätikon

Gipfel
Vergaldner Schneeberg (2588 m)

Einkehr
Hotel Madrisa

Anforderung im Aufstieg
1135 Hm, 3,5 h

Kondition ◉◉◉◉○
Technik ◉◉◉◉○
Gesamt ◉◉◉◉○

Ergründende Wiesen, zwitschernde Vögel, knospende Bäume. Ende März stehen die Zeichen in Sankt Gallenkirch im Montafon voll auf Frühling. Als Schneesuchender mit Ziel Gargellen kann man trotzdem entspannt bleiben. Der Ort liegt zwar nur 600 Meter höher, doch auf den wenigen Kilometern, die es dorthin sind, wird man im Zeitraffer zurück in den Winter gebeamt.

im Westen
Vergaldner Schneeberg

Der magische Magnet

Der Schnee scheint mit jeder Radumdrehung mehr zu werden. Vereinzelte Inseln verbünden sich zu Gruppen, rücken nah und näher zueinander, bis die Ränder zusammenwachsen, die Flächen größer und größer und schließlich zu einer Decke werden. Die letzten Reste von Grün, Gelb und Braun werden verdrängt und auch das Plätschern des Suggadinbachs verleibt sich der Schnee bald ein. Bald knöchel-, bald knie-, bald hüfthoch angewachsen, lässt er Autos versinken, biegt Dachrinnen gen Boden und zwingt Fußgänger, in herausgefrästen Schneisen zu gehen. Willkommen in Gargellen!

In diesem kleinen Ort im Montafon muss es etwas geben, das das weiße Gold wie verrückt anzieht. Zu sehen ist der magische Schneemagnet aber nirgends. Was er anhäuft, dient ihm anscheinend auch zur Tarnung. Schlau gemacht, das muss man schon sagen. Über das viele Weiß staunen aber nur die, die noch nie in Gargellen waren. Pralle Schneedecken und Powdertage noch im April sind von Madrisa bis Rotbühelspitze keine Seltenheit.

Eine schöne Gerade

Wo Valzifenzbach und Vergaldenbach ineinander münden, gehts los. Die ersten Meter absolviert man auf der Skipiste bis oberhalb des Örtchens Vergalda am Eingang des gleichnamigen Tales. Aug' in Aug' mit Schmalzberg (2345 m) und Selznerkopf (2180 m), die links und rechts steil und dem Tourengeher wenig gesonnen aufragen, fragt man sich kurz, wo denn die weiten Hänge sein mögen, von denen alle schwärmen. Bis man diese sieht, muss man noch ein klein wenig Geduld haben.

Die Ouvertüre bis zur Vergaldaalpe als »mühsamen Talhatscher« abzutun, ist nicht ganz falsch – aber unfair. Der Höhenmesser klettert zwar nur zaghaft höher, doch welche Zahl auf seinem Display steht, ist nebensächlich. Der gemütliche Modus, in dem man sich fortbewegt, vermittelt das Gefühl, dass man so zum Ende der Welt und sogar noch weiter gehen könnte. Eine Sache gibt es allerdings, die man während dieses meditativen Marsches im Augenwinkel behalten sollte: die Einzugsbereiche der Lawinen, die sich im Frühling aus den besonnten Flanken der Valisera (2716 m) lösen. Die Kegel aus oft kühlschrankgroßen Nassschneeknollen reichen zum Teil bis zum Weg – und manchmal darüber hinaus. Bei angemessen frühem Start hat man nichts zu befürchten, aber ab Mittag sollte man sich einen anderen Platz zum Sonnenbaden suchen als im Bereich der Edelweißwände unterhalb der Valisera (2716 m).

Die ersten 400 Höhenmeter gehen spurlos an den Oberschenkeln vorüber, bis man knapp 150 Meter vor Erreichen der Vergaldaalpe (1820 m), rechts auf einem

trotz dicker Schneedecke meist gut erkennbaren Güterweg auf die Osthänge des Roßberges einbiegt. In südlicher Richtung folgt man einer ausgeprägten Mulde bis zu einer Senke, in der ein kleiner See (2283 m) unbemerkt Winterschlaf hält. Ab hier wird es bis zum Erreichen des Palmataljoches (2478 m) etwas steiler. Die letzten 100 Höhenmeter quert man unterhalb des Wormakopfes (2540 m) auf den kaum als solchen wahrnehmbaren Gipfel des Vergaldner Schneebergs (2578 m), wo man von dem beeindruckenden Panorama zwischen Rotbühelspitze (2853 m) und Madrisa (2770 m) empfangen wird.

Die Abfahrt bietet viele Varianten. Am eindeutigsten und sichersten ist sie im Nahbereich der Aufstiegsspur. Bei sicheren Verhältnissen ist auch eine Abfahrt über den nach Nordosten orientierten Rücken des Vergaldner Schneebergs möglich.

Hotel Madrisa

Klar kann man im Hotel Madrisa in Gargellen sensationell gut essen. Aber das ist noch lange nicht alles, was dieses Haus zu bieten hat. Das von der Sonne dunkel gegerbte Holz der Außenwände lugt wie ein Relikt aus einer anderen Zeit unter den Schneemassen hervor und lässt erahnen, welch ereignisreiche Geschichte dieses Gebäude bereits hinter sich hat.

Kulinariktipp
In der Küche schwingt Zdenek Cepera den Kochlöffel. Wenn er nicht in den Kochtöpfen rührt, dann zerlegt er ein Reh, sammelt Pilze in den umliegenden Wäldern oder keltert seine eigenen Weine.

Die geschichtsträchtige Karriere des Hauses begann 1875 als Säumerschenke unter dem Namen »Rößli«. 1889 wurde das Gebäude zum Hotel Madrisa, das nach dem talbeherrschenden Gipfel, der Madrisa (2770 m), benannt ist, umgebaut. Gäste wie Sigmund Freud, Peggy Guggenheim und Arthur Schnitzler brachten mondänen Glanz ins hintere Montafon. Seit 1930 bis heute ist das Hotel mit dem Namen der Familie Rhomberg verbunden. Das ist eine lange Zeit und die Innigkeit dieser Verbindung spürt man gleich. Kein Detail wird hier dem Zufall überlassen, alles ist wohldurchdacht. Egal ob Saibling, Rind oder Lamm – alles, was verarbeitet wird, ist bio und vom Feinsten und kommt aus der unmittelbaren Umgebung. Ausdrückliche Warnung: Das Essen ist so exquisit wie sensationell. Danach aufstehen und den Heimweg antreten zu müssen, kann aber sehr beschwerlich sein!

Daten & Fakten zur Tour

Ausgangspunkt
Parkplatz oberhalb der Schafbergbahn-Talstation (1470 m)

Anfahrt
Über die A 14 bis Ausfahrt Montafon und durchs Montafon nach Gargellen. In Gargellen an den Parkplätzen der Schafbergbahn-Talstation vorbei bis über die Brücke des Suggadins. Kleiner Parkplatz rechts der Straße.

Aufstieg und Abfahrt
Von Gargellen über die Piste in Richtung Süden und unterhalb der Hotels von Vergalda nach Südost ins Vergaldental. Dort auf der Talsohle flach zur Vergaldaalpe (1820 m). Kurz vor dieser rechts auf einem Güterweg nach Südwesten, dann südlich bis zu einer Senke mit See (2283 m). Nun über steile Hänge zum Grat und bald danach zum Gipfel. Abfahrt im Bereich der Aufstiegsspur.

Weitere Tour in der Umgebung
→ Hinterberg (2682 m)

Sonne und Schnee ohne Ende:
im Süden kein Widerspruch,
sondern gelungene Symbiose.

nach Süden

Dem Genuss auf der Spur nach Süden

Rund ums Matreier Tauernhaus in Osttirol befindet sich ein Skitouren-Eldorado für Konditionsstarke. Drinnen wie draußen wartet vorzügliche Kost für Skitouren-Feinspitze.

Sillingkopf ↗ 2858 m

Der Kronprinz Ihrer Majestät

Lage
Granatspitzgruppe

Gipfel
Sillingkopf (2858 m)

Einkehr
Matreier Tauernhaus (1511 m)

Anforderung im Aufstieg
1350 Hm, 4 h

Kondition ●●●●●
Technik ●●●○○
Gesamt ●●●●○

nach Süden
Sillingkopf

nach Süden
Sillingkopf

Wer das Matreier Tauernhaus in Osttirol betritt, den empfängt eine ganz besondere Aura aus Geborgenheit und Geschichte. Kein Wunder, schließlich dient der altehrwürdige Gasthof seit über 800 Jahren als Zufluchtsstätte.

Geborgenheit wie anno dazumal

Schon vor Jahrhunderten wurden die Alpen regelmäßig überquert, auf Handelspfaden für Salz, Wein oder Gewürze. Mancherorts entschärften »Tauernhäuser« die beschwerlichen und gefährlichen Märsche. Diese Herbergen boten Säumern und Lasttieren Zuflucht und Verpflegung. So auch am Matreier Tauernhaus, auf der Südseite des Felbertauernpasses, einem uralten Übergang zwischen Osttirol und Salzburg.

Heute brauchen Reisende keine Unterstützung mehr, um den Felbertauern zu meistern. Dank Auto und Tunnelröhre fahren sie bequem bis vor die Haustüre des Matreier Tauernhauses. Aufpäppeln lassen sich Gäste in den behaglichen Stuben der geschichtsträchtigen Unterkunft aber noch genauso gern wie eh und je. Müde Skitourengeher zum Beispiel. Sie haben das Matreier Tauernhaus als ideales Basecamp entdeckt, um das Touren-Eldorado ringsum zu erkunden. Bei den Wirtsleuten Andreas und Anneli Brugger sind sie bestens aufgehoben. Die beiden bereiten in ihrer »Genusskuchl« traditionelle Osttiroler Spezialitäten zu, hergestellt aus regionalen Produkten: Schlipfkrapfen, Tauernhaus-Kasnocken, die legendären Tauernhaus-Forellen oder gebackene Apflkiachl.

Festmahl für Skitouren-Feinspitze

Solche Energieturbos können Skitourengeher gut gebrauchen. Schließlich erfordern alle Touren ums Tauernhaus einen langen Atem, mit Höhenmetern sollte man nicht auf Kriegsfuß stehen. Aber der Aufwand lohnt sich. Denn die Tauerngipfel ringsum sind durch die Bank Hochkaräter. Sie schicken riesige, weite Flanken ins Tal, in die schöne Kare, Terrassen und Hochtäler eingebettet sind. Aus diesen Landschaftszutaten wird ein Festmahl für Skitouren-Feinspitze angerichtet. Nur am Silbertablett werden die Tourenschmankerl eben nicht serviert. Auch, weil fast alle Touren steile, manchmal heikle Abschnitte aufweisen. An sie wagt man sich besser nur bei stabilen Schneeverhältnissen heran, bevorzugt im Frühjahr. Wer dann allerdings perfekten Butterfirn erwischt, schwingt wie im siebten Skitourenhimmel zu Tal.

Tauernhaustypischer Kronprinz

Eine der schönsten Touren der Region führt auf den Sillingkopf. Sie ist nicht allzu schwierig, aber eben »tauernhaustypisch« lange – und mit 2858 Metern schon recht hochalpin. Schlüsselpassage ist die Querung zum Dabersee. Die steilen Südhänge dort sollte man mit Bedacht angehen, was die Lawinengefahr betrifft.

Der Lohn der Mühen: eine fabelhafte Aussicht. Wie bei praktisch allen Touren rund ums Matreier Tauernhaus schaut einem auch am Sillingkopf der gletschergeschmückte Großvenediger über die Schulter. Die »weltalte Majestät«, wie ihn der Erstbesteiger Ignaz von Kürsinger nannte. Und spätestens beim Gipfelpanorama steht das Fazit fest: Wenn der Großvenediger der Monarch ist, dann ist der Sillingkopf sein würdiger Kronprinz.

nach Süden
Sillingkopf

Daten & Fakten zur Tour

Ausgangspunkt
Matreier Tauernhaus

Anfahrt
Von Matrei in Osttirol bis circa 2,5 Kilometer vors Felbertauerntunnel-Südportal, dann links abzweigen (Tafel »Tauernhaus«) zum Matreier Tauernhaus. Hierher auch von Mittersill durch den Tunnel (Maut).

Aufstieg und Abfahrt
Vom Tauernhaus in Richtung Grünseehütte (2235 m, unbewirtschaftet, im Winter geschlossen) hinauf. Etwa 100 Höhenmeter unter ihr rechts abbiegen und in langer Querung östlich zum Dabersee (2425 m). Vom Südufer nach Südosten bergauf, dann nach Nordosten aufs Daberkees (im Normalfall keine Spalten). Rechts (südlich) über den Gipfelhang in eine kleine Scharte und links auf den Gipfel. Abfahrt wie Aufstieg.

Variante
Wer sich beim Dabersee nach Norden wendet, kann den steileren Riegelkopf (2920 m) besteigen. Geht man bei der Grünseehütte geradeaus (nördlich) weiter, erreicht man den viel besuchten Hochgasser (2922 m). Er bietet einen ebenso genialen Großvenediger-Blick.

Weitere Touren in der Umgebung
→ Weißeneckscharte (2637 m)
→ Rote Saile (2993 m)
→ Äußerer Knorrkogel (2920 m)

»Man zeigte mir drei Klafter hoch am Kirchturme einen Strich, so weit reichte letztes Jahr der Schnee«, notierte der Wiener Alpinist und Hofkammerbeamte Joseph Kyselak (1798–1831), als er Mallnitz anno 1825 besuchte. Drei Klafter, das waren immerhin fast sechs Meter. Unten im Dorf auf 1200 Metern. Mehr liegt nur oben auf den Bergen.

Hagener Hütte ↗ 2446 m

nach Süden
Hagener Hütte

Licht am Ende des Tunnels

Lage
Mallnitzer Tauern

Ziel
Hagener Hütte (2446 m)

Einkehr
Stockerhütte (1320 m)

Anforderung im Aufstieg
770 Hm, 2,5 h

Variante
Greilkopf (2581 m),
900 Hm, 3,5 h

Kondition ◉◉◉○○
Technik ◉◉◉○○
Gesamt ◉◉◉○○

Das Gute am »schlechten« Ruf

Das Messen in Klaftern, einem historischen Längenmaß, das an die Armspannweite eines Mannes angelehnt ist und etwa 1.8 Meter beträgt, ist schon lange passé. Auch Bekritzelungen des Kirchenturms werden in Mallnitz nicht gern gesehen: Manche Dinge ändern sich, andere bleiben gleich.

Ein Ort, wo es sich schneepralle Wolken gern gemütlich machen, ist das zwischen Ankogel- und Goldberggruppe eingebettete Mallnitz bis heute geblieben. Und ein relativ ruhiger obendrein. Darüber, dass hier zu viele Leute am Berg sind und man kaum Platz findet, um einen Schwung ins Frische zu setzen, hat sich noch keiner beschwert. Woran das liegt? Erstens daran, dass in den von Mallnitz abzweigenden Tälern, dem Mallnitzer Tauerntal, dem Dösental und dem Seebachtal, Platz ohne Ende ist und sich Tourengeher auch an sonnigen Powderwochenenden gut verteilen. Zweitens hat das mit Mallnitzens Ruf zu tun: Es gilt als versteckt und schwer erreichbar. Dass das ein weitverbreiteter Irrtum ist, zeigt die problemlose Anfahrt. Am Bahnhof Böckstein bei Bad Gastein kommt das Auto kurz auf den Zug und mit diesem geht es unter den Tauern durch. Zehn Minuten später steht man auf deren Südseite in einem neuen Licht. Wenige Menschen, weite Hänge, Möglichkeiten ohne Ende. Ein herzliches Danke an den »schlechten« Ruf!

Schmelzende Aufstiege

Die Hagener Hütte ist einer der unbestrittenen Klassiker im Tauerntal. Von der Stockerhütte sind's dorthin knapp unter 1000 Höhenmeter. Die darf man noch dazu vor der mächtigen Kulisse aus Vorderer Geißlkopf, Greilspitz und Rameter Spitz abspulen. Wenn man bei der Stockerhütte (1320 m) ins Skitaxi steigt und sich zur Jamnighütte (1748 m) shuttlen lässt, schmilzt der Anstieg auf sehr moderate 700 Höhenmeter. Allerdings tut er dies, ohne dabei auch nur ein Quäntchen seiner Imposanz einzubüßen.

Von der Jamnigalm führt der Weg erst rechts zu einer Brücke und dann entlang eines Ziehweges zur Laschghütte. Kurz nach dieser quert man links den Laschgbach, bis es nach einer Almhütte auf einen steileren Rücken geht. Immer leicht links haltend geht's über das herrliche Abfahrtsgelände von Glitsch und Tauernalm zum Tauernhaus (2395 m). Die Hagener Hütte ist jetzt nur mehr einen sehr beherzten Skistockwurf weit entfernt. Eine letzte steilere Hangpartie muss noch gemeistert werden, schon steht man oben an der Scharte, von der aus man einen ersten Blick ins Gasteinertal werfen kann.

Die Abfahrt ist offensichtlich. Sie findet im Bereich der Aufstiegsspur statt, wo meistens ausreichend Platz vorhanden ist.

Wissenswertes
Wenn die Oberschenkel noch ein paar Höhenmeter mehr vertragen, kann man noch 130 Höhenmeter drauflegen und steht dafür mit dem Greilkopf (2578 m) auf einem »echten« Gipfel.

Daten & Fakten zur Tour

Ausgangspunkt
Großer Parkplatz im Bereich Stockerhütte

Anfahrt
Von Mallnitz ins Tauerntal zum Parkplatz bei der Stockerhütte. Von dort fährt ein Skitourentaxi zur Jamnigalm.

Aufstieg und Abfahrt
Vom Parkplatz zur Jamnighütte, dann nach Norden über eine Brücke über den Bach. Auf einem lawinensicheren Rücken nordwärts in ein Muldensystem unterhalb der Hagener Hütte und zum Tauernkreuz (2230 m). Nun etwas steiler zur Hütte. Um auf den Greilkopf zu steigen, zurück in den Sattel östlich der Hagener Hütte, dann steil hinauf auf eine Kuppe. Über flaches Gelände zum steilen Westgrat und bis zum höchsten Punkt. Achtung vor den nordseitigen Wechten. Abfahrt am Westgrat bis kurz vor die Kuppe zurück und im Bereich der Aufstiegsspur.

Variante
Bei sicheren Verhältnissen bei der Abfahrt direkt in die Südflanke des Greilkopfs einfahren.

Weitere Tour in der Umgebung
→ Lonzaköpfel (2317 m)

Kleine Stube, prall gefüllt

Die Stockerhütte hat alles, was eine Hütte braucht. Sie ist urig, sie ist gemütlich, das Essen ist gut und die Wirtsleute sind wunderbare Leute. Das ist natürlich schon vielen Menschen aufgefallen und an guten Tagen ist die kleine Stube prall gefüllt. Das hält man aber locker aus. Der Atmosphäre wohnt eine authentische Lebendigkeit inne und spätestens dann, wenn eine Portion frisch dampfender Kärntner Nudeln auf dem Tisch steht, sind sowieso keine Wünsche mehr offen.

nach Süden
Hagener Hütte

Das gewisse Etwas

Lage
Ankogelgruppe

Gipfel
Böse Nase (2227 m)

Einkehr
Christebauerhütte (1613 m)

Anforderung im Aufstieg
920 Hm, 2,5 h

Kondition ●●●○○
Technik ●●○○○
Gesamt ●●●○○

Böse Nase ↗ 2227 m

In der Spur von Thomas Morgenstern

Um den idealen Hang zu designen, braucht man die eigene Kreativität eigentlich nicht zu bemühen. Es reicht ein findiger Kopist zu sein. Den Hang gibt es nämlich schon, und zwar oben auf der Bösen Nase. Wer ihn einmal gefahren ist, weiß, worum's geht.

nach Süden
Böse Nase

Wissenswertes
Beim Gipfelfoto sollte man lieber zur Seite gehen. Den besten Shot kriegt man nämlich dann, wenn der Fotograf am Grat ein wenig Richtung Gurglitzen geht, um dann seine Gefährtinnen von der Seite zu fotografieren.

Das ist besonders
Viel besser kann ein Gipfelhang kaum sein. Lang, breit und endlos viel Platz für Spuren. Bei guten Bedingungen kann es sein, dass man ihn noch mal fahren muss.

Ein paar leichte Wellen, die frischer Schnee schnell in eine plane Fläche verwandelt. Bäume nur am seitlichen Rand, wo sie die weiten Schwünge nicht stören. Dieser Hang oberhalb der Tröbacher Alm hat was. Doch was ist dieses »es« genau? Die Nonchalance, mit der er sich bei Hochdruck in der Sonne rekelt? Der Ausblick zum Millstättersee, den man von seiner Mitte aus genießen kann? Sein Glitzern im Neuschneegewand, das zu dem Gedanken verführt, man könne mit ein paar gut gesetzten Schwüngen die Welt zu einer besseren machen?

Vielleicht handelt es sich dabei einfach um das mysteriöse »gewisse Etwas«, das man zwar lang und breit umschreiben, aber nie direkt benennen kann. Eine Unbestimmbarkeit, die Sehnsüchte anregt und Tagträume von der Leine lässt.

Auf des Messers Schneide
Träumereien sind auch an diesem Berg über weite Strecken zulässig. Ganz oben macht ihnen die Böse Nase aber einen Strich, – oder besser einen Abbruch – durch die Rechnung. Der Hang, den man gerade noch bergan gespurt hat, ist plötzlich zu Ende. Abrupt und ohne Vorwarnung reißt er plötzlich ab. Fast so, als hätte er sein ideales Hangdasein plötzlich satt. Nach dem höchsten Punkt folgt sofort der Abbruch und die »Nase«, die im Aufstieg bislang gut zu einem war, zeigt plötzlich ihre böse Seite. Ein Schritt zu viel und man kullert über die steilen Felsen der Nordostseite bis zum Reinitzbach hinunter. Fürchten braucht man sich aber nicht. So komfortabel ist man noch nie auf des Messers Schneide gestanden.

Nur einmal ist fast zu wenig
Vom Parkplatz, der sich gern eisig gibt, geht es entlang des Fußweges in den Wald. Man folgt dort einer der schon vorhandenen Spuren. Sie führen zwar nicht alle nach Rom, aber zumindest zur ganzjährig bewirtschafteten Christebauerhütte.

Oberhalb der Hütte wartet eine kurze, etwas steilere Geländestufe im Nahbereich des Almweges. Ein paar Spitzkehren lösen dieses Problem aber schnell. Wenn man den Wald hinter sich hat, öffnet sich das Gelände und man schwenkt kurz Richtung Gurglitzen bis zur Oberrauner Hütte (circa 1800 m). Von dort geht es in fast direkter Linie Richtung Einschartung westlich der Bösen Nase. Bei der Einschartung angekommen, heißt es Respektabstand zur Gratkante wahren, da diese nach Norden hin durchaus tückisch überwechtet sein kann. Leicht unterhalb querend geht es zum höchsten bekreuzten Punkt (2227 m).

Daten & Fakten zur Tour

Ausgangspunkt
Geräumter Parkplatz kurz nach dem Gehöft Hoisbauer

Anfahrt
Von Pusarnitz (Gemeinde Lurnfeld) Richtung Göriach, dort führt eine Abzweigung nach Tröbach und weiter zum Gehöft Hoisbauer.

Aufstieg und Abfahrt
Vom Parkplatz westlich entlang des Fußweges in den Wald und dort in einigen Kehren empor, bis man die Fahrstraße zur Christebauerhütte erreicht. Entlang der Straße zur Christebauerhütte. Über die folgende, ein wenig steilere Geländestufe entlang des Almweges aufwärts. Ab der Waldgrenze in ziemlich direkter Linie zur Einschartung links (westlich) der Bösen Nase und am beziehungsweise knapp unterhalb vom Grat zum Gipfelkreuz. Abfahrt im Wesentlichen entlang der Aufstiegsspur. Bei sicheren Verhältnissen kann der Gipfelhang auch direkt befahren werden. Im unteren Bereich wird üblicherweise entlang des Fahrweges abgefahren, nicht entlang der Aufstiegsspur im Wald.

Weitere Touren in der Umgebung
→ Gurglitzen (2352 m)
→ Gmeineck (2592 m)

Die Abfahrt stellt ein großes Problem dar, denn der Hang sieht überall sensationell gut aus. Wo soll man da bitte seine Linie wählen? Erstens, wo Platz ist, und zweitens, wo es sicher ist. Im erweiterten Spurbereich ist das so gut wie immer der Fall. Bei sicheren Verhältnissen ist aber auch die direkte Befahrung des Gipfelhangs machbar. Im unteren Bereich enden Abfahrtsexperimente selten mit bahnbrechenden Entdeckungen, sondern eher im Geäst. Es empfiehlt sich daher, auf dem Fahrweg abzufahren und nicht im Bereich der Aufstiegsspur im Wald.

nach Süden
Böse Nase

Das Maltatal hat mit Hochalmspitze und Konsorten nicht nur Touren für erfahrene Skitournados in petto. Hoch über Gmünd hat es mit dem Stubeck den perfekten Einsteigerberg zu bieten.

Stubeck ↗ 2370 m

Aller Anfang ist flach

Lage
Ankogelgruppe

Gipfel
Stubeck (2370 m)

Einkehr
Frido-Kordon-Hütte (1649 m)

Anforderung im Aufstieg
708 Hm, 2,5 h

Kondition ●○○○○
Technik ●○○○○
Gesamt ●○○○○

nach Süden
Stubeck

Die Ausrüstung ist brandneu, die Felle haben noch keinen Meter in den Haaren – es ist aller Skitourendinge Anfang. Unüberhörbar ist der Ruf der Berge, doch er ist auch schwer verständlich, weil ziemlich vielstimmig. Welcher der Rufenden ist für die allererste Skitour am besten geeignet, auf welchen Berg kann man »einfach so« gehen? Vor allem, wenn man nicht unter Liftstützen dahin marschieren möchte, sondern im sagenumwobenen »freien Gelände«, von dem alle sprechen. Diese Frage ist wohl jedem einmal durch den Kopf gegangen. In Anbetracht Zigtausender Berge gibt es darauf nicht nur eine Antwort. Das Stubeck ist aber mit Sicherheit eine der besten, die man geben kann. Der Ausgangspunkt befindet sich gleich hinter einer Hütte, die Tour ist vortrefflich gespurt und die Orientierung auch ohne viel Bergerfahrung ein Leichtes. Dank dem Panorama rund um Reitereck (2790 m) und Wandspitze (2623 m) hat man das Gefühl, mitten in den großen Bergen angekommen zu sein.

Auch das Gute hat eine schlechte Seite

Hat dieses Stubeck eigentlich nur gute Seiten? Ja, lässt sich darauf antworten. Allerdings nur unter Vorbehalt eines wichtigen Zusatzes: wenn kein Wind geht. Wenn es einen Nachteil an dem unkompliziert entgegenkommenden Stubeck gibt, dann ist es der Umstand, dass dieser Berg nicht die allerkleinste Steilheit zu bieten hat, die sich dem Wind entgegenstellen könnte. Wenn dieser einmal auffrischt, dann tut er es mit ungebremster Wucht und Kälte. Schließlich ist man am Stubeck-Gipfel nicht weit von der 2500-Meter-Marke entfernt, also ziemlich weit oben. Das Umziehen und Abfellen kann dann schon ein wenig mühsam sein. Nicht selten bemächtigt sich eine Böe einer unbeaufsichtigten Überjacke oder eines Felles und lässt diese auf Nimmerwiedersehen gen Tal verschwinden. Im Fall des Felles ist das nicht so tragisch, im Fall der Jacke unangenehm kühl.

Der vorgetäuschte Gipfel

Oberhalb der Frido-Kordon-Hütte (1649 m), die nach dem gleichnamigen Schriftsteller und Alpinisten benannt ist, geht es los. Die Orientierung wird einem leicht gemacht, denn die Aufstiegsspur ist unübersehbar. Ein Ratrac hat sie nämlich gelegt. Das heißt aber nicht, dass man unbedingt in dieser Schneeschneise gehen muss. Selbstverständlich kann man sie auch negieren und seine ersten eigenen Kehren legen. Vielleicht ist diese Variante ohnehin besser, da die Rodelfahrer, die in der planierten Spur talwärts schießen, nicht nur schnell, sondern in manchen Fällen auch unkontrolliert unterwegs sind. Bald gelangt man in baumfreies Gelände und vermeint sogleich, den Gipfel zu erkennen. Dass der meistens weiter entfernt ist, als es auf den ersten Blick scheint, ist eine Lektion, von der man noch auf vielen Touren begleitet werden wird. Hier lernt man sie zum ersten Mal. Was aussieht wie der Gipfel, ist nämlich nur ein langer Höhenrücken. Erst wenn man auf diesem angelangt ist, sieht man den echten Gipfel.

nach Süden
Stubeck

Daten & Fakten zur Tour

Ausgangspunkt
Parkplatz bei der Frido-Kordon-Hütte (1649 m)

Anfahrt
Auf der Tauernautobahn (A 10) bis zur Abfahrt Gmünd. In Gmünd nach dem zweiten Torbogen abzweigen Richtung Treffenboden, dann auf einer zwölf Kilometer langen mautfreien Straße zur Frido-Kordon-Hütte.

Aufstieg und Abfahrt
Die Tour beginnt gleich oberhalb der Frido-Kordon-Hütte (1649 m), wo man entlang der präparierten Spur aufsteigt. Am Eggenkopf angelangt geht es entlang eines Weidezaunes Richtung gut sichtbarem Gipfel. Die Abfahrt erfolgt zuerst im freien Gelände bis zum Eggenkopf und danach auf direktem Weg zurück zur Hütte.

Variante
Anspruchsvoller und weniger frequentiert ist der Aufstieg von der Leonhardhütte.

Weitere Touren in der Umgebung
→ Bartelmann (2359 m)
→ Reitereck (2790 m)

Kulinariktipp
Die Kasnudel ist für Nicht-Kärntner ein doppeltes Rätsel, denn weder ist sie eine Nudel noch enthält sie Käse. Dieser scheinbare Widerspruch ist aber nur auf den ersten Blick einer, in Wahrheit geht alles mit rechten Dingen zu. Der Name kommt nämlich vom Nudelteig, der eine Fülle aus »Kas«, dem Kärntner Wort für Topfen, samt Erdäpfeln und Kräutern umhüllt.

Mit Bravour und Leichtigkeit

6500 Schilling. So viel hat der Bau der Frido-Kordon-Hütte anno 1937 gekostet. Seit mehr als 80 Jahren ist die als Selbstversorger-Unterkunft geplante Hütte der bevorzugte Ausgangspunkt für Touren auf das Stubeck. Seit 1976, also über 40 Jahre lang, hat der Hüttenwirt Willi Staudacher die Geschichte des Hauses geprägt. Im Jahr 2019 haben Thomas Krabath und seine Frau Johanna die Nachfolge angetreten und es besteht kein Zweifel, dass sie Willis Fußstapfen mit Bravour und Leichtigkeit füllen. Die Hütte ist so gemütlich wie eh und je und die Gaststube, in der Bodenständiges mit Kärntner Einschlag gereicht wird, ist dank Kachelofen genau der Ort, an dem man nach einem Tag am Stubeck wieder zu alter Wärme zurückfinden möchte. Eine der Spezialitäten, die man keinesfalls an sich vorüberziehen lassen sollte, ist das wohl bekannteste Kärntner Gericht: die hausgemachten Kasnudeln.

Brutto für netto

Lage
Ankogelgruppe

Gipfel
Faschaunereck (2614 m)

Einkehr
Leonhardhütte (1818 m)

Anforderung im Aufstieg
969 Hm, 2,75 h

Kondition ●●●○○
Technik ●●●○○
Gesamt ●●●○○

Faschaunereck ↗ 2614 m

Lange Forststraßenzustiege sind am Faschaunereck Fehlanzeige. Dafür, dass man sich durch das dichte Geäst kämpfen müsste, fängt die Tour zu weit oben an. Fazit: Das Verhältnis müheloser Aufstiegsmeter zu gediegenen Abfahrtsmetern ist nirgends idealer als hier.

nach Süden Faschaunereck

Das Faschaunereck (2614 m) gehört neben dem Stubeck zweifelsohne zu den Touren, die man im Maltatal gemacht haben muss. Die Aufstiegshöhe bewegt sich unterhalb der 1000-Höhenmeter-Marke, womit man völlig zu Recht sagen kann, dass dieser Gipfel auch für moderate Skitourengeher absolut in Reichweite liegt. Die Tourenparameter sprechen also eindeutig dafür, und trotzdem will das Wörtchen »moderat« nicht so ganz zum Faschaunereck passen. Für das, was einem auf dieser Tour serviert wird, greift es schlichtweg zu kurz. Für die 800 Meter lange Südostflanke, die man nach errungenem Gipfelsieg hinunter wedeln darf, kommt man nicht umhin, den Superlativ zu bemühen.

Der Superlativ ist die Mühe wert

800, in Worten »achthundert« (!) Meter – das ist eine ziemliche Ansage. Hänge mit solchen Dimensionen wachsen normalerweise weit oben im Gebirge und sind nicht leicht zu haben. Die Flanke am Hohen Tenn (3368 m), für die man aber 2500 Höhenmeter veranschlagen muss, wäre ein passendes Beispiel dafür. Außergewöhnliche Umstände verlangen nach außergewöhnlichem Commitment und so muss man für einen solchen Hang eigentlich einen außergewöhnlich langen Zustieg in Kauf nehmen.

Am Faschaunereck ist das ganz anders. Hier braucht man fast nur um die Ecke zu biegen, um sich den Jackpot abzuholen. Es ist fast so, als hätte sich das Faschaunereck diese Riesenflanke von einem seiner großen Nachbarn ausgeborgt, um sie in abfahrtsfreundlicher Steilheit nicht nur Steilwandfahrern, sondern allen, die Lust darauf haben, zugänglich zu machen. Vorausgesetzt natürlich, die Bedingungen lassen es zu. Das Verhältnis von absoluter Tourenlänge zu relativer Hanglänge ist mit 969 Metern zu 800 Metern fast perfekt. Da die Tour weit oben beginnt, wird durch lange Forststraßen oder dichte Waldgürtel kaum ein Höhenmeter verschenkt. Man könnte sagen, dass man am Faschaunereck brutto für netto bekommt.

In die Faschaun zum Flanken schaun

Unweit des Parkplatzes fädelt man in einen Almweg ein, der in nördlicher Richtung in die Faschaun, den breiten Kessel zwischen Faschaunereck und Stubeck führt. Ehe man sich versieht, steht man auch schon Aug' in Aug' mit der Flanke, der man sich richtungsmäßig sogleich zuwendet. Anfänglich geht es noch recht flach dahin, bis man nach einer Verebnung mit einer Ansammlung kleiner Hütten auf circa 2161 Metern die verfallene Eggenhütte passiert.

Ab hier wird es steiler. Idealerweise hält man sich hier auf der westlichen, also linken Seite der Flanke. Das Gelände gibt die Spuranlage vor und man arbeitet sich am Weg des geringsten Widerstandes nach oben. Auf knapp über 2500 m erreicht man den Grat. Wer viel Wert auf ein Gipfelselfie legt, wird nicht umhinkommen, die letzten Meter über eine steile Flanke zum gern abgeblasenen Gipfel in Kauf zu nehmen.

Eigentlich kann beziehungsweise sollte man in den meisten Fällen aber darauf verzichten, denn dieser letzte Schnapper ist nur bei absolut sicheren Verhältnissen eine Option. Steigeisen im Rucksack können bei Vereisung hilfreich sein. Sichere Verhältnisse sind auch für die Flankenbefahrung eine wichtige Voraussetzung. Sind diese gegeben, ist der Linienführung keine Grenze gesetzt. Dann gilt es nur mehr tief Luft zu holen und mit vor Freude klopfendem Herzen die vielleicht ausladendsten Schwünge seines Lebens zu ziehen.

Reduziert aufs Maximum

1957 hatten Simon und Josefine Gritzner eine Idee mit wunderbaren Folgen. Oben auf dem weitläufigen Weidegebiet des Maltabergs erbauten sie eine Hütte, die sie nach dem Heiligen Leonhard, dem Schutzpatron des Weideviehs, benannten. Wenn die Kühe den Winter über im Stall sind, gehören die schneebedeckten Almen und Berge einer anderen Spezies: dem »homo skitourus«. Und für diesen ist die Leonhardhütte, die von Maria Gritzner mit Unterstützung ihrer Töchter und Schwiegersöhne mittlerweile ganzjährig geführt wird, ein Ort, wo er Platz nehmen muss. Vieles, was auf den Teller kommt, stammt von »hier oben«: das Brot, die Butter, der Speck. So ursprünglich gut wie die Verpflegung ist übrigens auch die Stimmung. Und wer es mit dem Ursprünglichen ganz besonders ernst meint, der kann sich in der Wandallerhütte gleich nebenan einquartieren. Statt Glühbirnen gibt es dort Kerzen oder Petroleumlampen und statt warmer Dusche einen Brunnen mit Gebirgswasser.

Kulinariktipp
Haubenmenüs sucht man hier vergebens, denn es gibt ja was viel Besseres: die hausgemachten Speckknödel zum Beispiel. Nicht nur die Knödel sind von Hand gerollt, auch den Speck macht Maria Gritzner selbst.

Daten & Fakten zur Tour

Ausgangspunkt
Parkplatz bei der Leonhardhütte

Anfahrt
Auf der A 10 bis zur Abfahrt Gmünd im Maltatal und von dort bis in die Ortschaft Malta. Auf einer asphaltierten Bergstraße auf den Maltaberg und bis zur Leonhardhütte (ggf. Schneeketten!).

Aufstieg und Abfahrt
Vom Parkplatz weg führt ein Almweg nach Norden hinein in die Faschaun. Auf circa 1650 m beginnt der Weg leicht anzusteigen und man gelangt an den Fuß der fast 800 Höhenmeter langen Flanke. Nun westlich (links) halten zum Grat. Die letzten 100 Höhenmeter über den Grat sind oft abgeblasen. Abfahrt durch die Flanke.

Weitere Touren in der Umgebung
→ Böse Nase (2227 m)
→ Stubeck (2370 m)

nach Süden
Toblacher Pfannhorn

Grenzgenial

Lage
Villgratner Berge

Gipfel
Toblacher Pfannhorn (2663 m)

Einkehr
Badl-Alm (1640 m)

Anforderung im Aufstieg
1200 Hm, 3,75 h

Kondition ⊙⊙⊙⊙○
Technik ⊙⊙⊙⊙○
Gesamt ⊙⊙⊙⊙○

Toblacher Pfannhorn ↗ 2663 m

Zahllose Aufstiegsmöglichkeiten und dank der Lage südlich der Tauern so viel gutes Wetter, dass man wochenlang ohne Pause unterwegs sein könnte: Die Villgratner Berge in Osttirol sind ein Juwel für Skitourengeher. Wenn der Südstau mal wieder vorbeischaut, ist man doppelt dankbar. Dann bekommen die Oberschenkel eine kurze Pause und die Berge Neuschnee. Das Toblacher Pfannhorn an der Grenze von Österreich und Italien (2663 m) ist danach »the mountain to be«.

3000 – das ist bei Bergen eine magische Marke. Genauso wie der Dachstein will sie auch von den Villgratner Bergen keiner knacken. Gut, man muss ja auch nicht bei jedem Wettrennen vorn mit dabei sein! Dafür sind 20 Gipfel höher als 2800 Meter. Welcher allerdings der Höchste, der Primus inter Pares, unter all den fast gleich Hohen ist, hing lange davon ab, ob man im Defereggental oder im Villgratental steht.

Rot oder weiß?

Im Zentrum der Berggruppe erheben sich zwei fast gleich hohe Gipfel. 2962 Meter misst die eine Spitze, 2956 Meter die andere – ein Herzschlagfinish! Selbst mit nur einem Zentimeter Unterschied wäre der Eindeutigkeit genüge getan gewesen, doch das Problem lag woanders. Welcher Gipfel wie heißt, war auf den ersten Blick eine Frage, auf welcher Seite des Gebirges man sich befand.

Die Bewohner des südlich gelegenen Villgratentals bezeichneten den östlichen und somit höheren Gipfel nämlich als Weiße Spitze (2962 m) und den westlichen, niedrigeren Nachbargipfel als Rote Spitze (2956 m). Im Defereggental war es genau umgekehrt. Dort war der höchste Gipfel schon immer die Rote Spitze. Damit sich die Villgratner im Defereggental und umgekehrt die Defereggentaler im Villgratental zurechtfinden, hat die Kartografie das letzte Wort gesprochen und ein Urteil gefällt. Egal wo man steht, der höchste Punkt in den Villgratner Bergen ist die Weiße Spitze. Punkt.

Eindeutig gut

Das Toblacher Pfannhorn ist ein Grenzberg – ein Teil steht in Italien – und auch das Pfannhorn hat einen Doppelgipfel. Querelen um Gipfelhöhen und Nomenklaturen gibt es hier aber keine. Aus gutem Grund.

Im Osttiroler Alfental will man ein Gut kultivieren, das so selten wie fragil ist: die Ruhe. Rund um den Weiler Kalkfels (1639 m) stehen an den Hängen deswegen auch keine Chaletdörfer, sondern von der Sonne dunkel gegerbte Berghütten. Kleckern und Klotzen ist in dem urigen Tal fremd und bevor hier jemand ein Spa-Hotel hinbetoniert, fährt wohl ein Raddampfer den knietiefen Alfenbach stromaufwärts.

Vom Parkplatz auf dem Fahrweg an der Alfenalm geht es bis zur Brücke, wo sich der Weg gabelt. Man lässt das Marchental links liegen und biegt rechts ins Alfental ab, das man, mit dem Tagesziel bereits im Blick, bis zum Ende durchwandert. Den folgenden Steilhang überwindet man mit ein paar Spitzkehren, bis das Gelände wieder abflacht. In südwestlicher Richtung geht es weiter bis man das Pfanntörl (2508 m) erreicht und auf dem Weg zum Gipfel (2663 m) nur mehr den schrofigen Nordwest-Kamm zu überwinden hat. Dieser ist allerdings die Schlüsselstelle der Tour und mit Skiern nur bei guter Schneelage zu empfehlen. Ist die Oberfläche hart und harschig schnallt man hier ab und stapft.

Daten & Fakten zur Tour

Ausgangspunkt
Innervillgraten / Kalkstein (1640 m)

Anfahrt
A 22 Brennerautobahn zur Auffahrt Brixen und durch das Pustertal bis kurz nach Sillian. Hier Richtung Norden in das Villgratental nach Innervillgraten und bei der folgenden Talverzweigung links nach Kalkstein. Von München über Kufstein, Kitzbühel, Pass Thurn und Felbertauern nach Lienz und weiter nach Sillian.

Aufstieg und Abfahrt
Vom Parkplatz auf dem Fahrweg an der Alfenalm vorbei bis zur Brücke mit der Weggabelung ins Marchental. Nun rechts übers Alfental weiter bis zum Ende des Tales. Am folgenden Steilhang in mehreren Spitzkehren bis in flacheres Gelände, immer in südwestlicher Richtung bis zum Pfanntörl (2508 m). Nun links über den Nordwestkamm weiter, die Felsschroffen vorwiegend westlich umgehend zum höchsten Punkt. Das Kreuz befindet sich etwas weiter südlich des Gipfels. Die Abfahrt erfolgt im Bereich des Aufstiegs.

Weitere Tour in der Umgebung
→ Marchkinkele (2545 m)

Die Badl-Alm
Gleich neben der Wallfahrtskirche Maria Schnee Kalkstein und umgeben von einem Lärchenhain befindet sich die Badl-Alm, der Sehnsuchtsort ausgehungerter Tourengeher. Aus gutem Grund, denn die Küche ist in ihrer Bodenständigkeit nicht nur der lokalen kulinarischen Tradition verpflichtet, sondern vor allem eins: ausgezeichnet. Absolute Spezialität des Hauses sind die Schlipfkrapfen. Aber Vorsicht, so unschuldig, wie sie in der zerlassenen Butter treiben, sind sie nicht. Sie sind so gut, dass sie mit dem ersten Bissen eine lebenslange Sucht begründen können. Die Spinatknödel sind in dieser Hinsicht ebenso gefährlich.

Ein Schneeball am Felsen

Lage
Lienzer Dolomiten

Gipfel
Auerlingköpfl (2026 m)

Einkehr
Dolomitenhütte (1616 m)

Anforderung im Aufstieg
1000 Hm, 3,5 h

Kondition ●●●○○
Technik ●●○○○
Gesamt ●●●○○

Auerlingköpfl ↗ 2026 m

Still, wild, einsam: So kennt man sie, die Lienzer Dolomiten. Wer zum ersten Mal in dieser Berggegend unterwegs ist, sollte unbedingt zur Dolomitenhütte hochsteigen. Und von dort weiter auf das Auerlingköpfl.

Der Aufstieg zur Dolomitenhütte ist in mehrfacher Hinsicht ein Segen. Einerseits sind die knapp 600 Höhenmeter nahezu ideal, um die ersten Aufstiegserfahrungen zu sammeln, anderseits funktionieren sie auch als Rennstrecke für die After-Work-Ausdauereinheit. Das breite Spektrum der Dolomitenhütten-Geher produziert ein vielfältiges Bild, das bei einem markanten Steilstück im unteren Teil kuriose Blüten treibt. Hier die Spitzkehren-Novizen, die ihre Skier mühsam um die Ecke zu kriegen versuchen, da die menschlichen Geschosse in bunten, hautengen Anzügen, die sich um Spitzkehren nichts scheren und in schnurgerader Linie vorbeisprinten. Abgesehen von dieser Ouvertüre, die auch über die Rodelbahn umgangen werden kann, ist der Anstieg zur Dolomitenhütte (1616 m) aber äußerst moderat und deswegen sehr beliebt.

Sand und Sunn
Schon bald erreicht man die Dolomitenhütte und kann in das große Kar blicken, das von Laserzwand (2614 m) Gamswiesenspitze (2455 m) und Großer Sandspitze (2770 m) – die man hier »Sunnspitz« nennt – eingefasst wird.

Auch als weniger erfahrener Tourengeher sollte man sich überlegen, ob man den ursprünglichen Plan, »nur« zur Dolomitenhütte aufzusteigen, nicht ausbauen und noch ein paar Höhenmeter drauflegen sollte. Diese Gegend ist nicht nur schön anzusehen, sie ist auch eindeutig zu schade, um nicht von oben angesehen zu werden. Natürlich ist die Gegend auch von unten betrachtet schön, aber erst wenn man auf einem Gipfel der Lienzer Dolomiten steht, ist man den Bergen wirklich nah. Fazit: Kaffee und Kuchen müssen warten. Erst müssen noch ein paar Höhenmeter auf die Habenseite. Genau 400 davon muss man veranschlagen, um über weite Hänge und einen lichten Lärchenwald auf das Auerlingköpfl (2026 m), den »Auerling«, zu gelangen. Das sind zu wenige, um es nicht zu tun.

Rallye oder Shuttle
Ausgangspunkt ist der kostenpflichtige Parkplatz des Kreithofs (1047 m). Von dort steigt man entlang der präparierten Piste auf. Dem ersten, schweißtreibenden Steilstück kann man über die Rodelbahn ausweichen. Am Ende der Piste führt die Rodelbahn noch 400 Meter weiter zur Dolomitenhütte (1620 m). Von hier nun auf der Forststraße Richtung Laserz. Nach 300 Metern biegt man bei einem Wegweiser nach Osten ab und erreicht über eine steile Wiese die Weißsteinalm (1740 m). In südöstlicher Richtung geht man nun auf eine große Kuppe zu, auf der eine prägnante Lärche thront. Entlang des kupierten Geländes marschiert man weiter und geht ab einer Höhe von circa 1880 Metern rechts des Waldkamms – der Verlauf durch die Bäume ergibt sich von selbst. Schließlich erreicht man die baumfreie Kuppe des Auerlings (2035 m), wo man von der winterlichen Laserz-Nordwand in Empfang genommen wird.

Wenn die Straße schneefrei ist, kann bis zur Hütte gefahren werden. Achtung, die Straße kann sehr eisig sein. Sie vergnügt sich damit, selbst ernannte Rallyefahrer hilflos in die Schneewälle rutschen zu lassen. Wer partout nicht gehen will, kann auch das Hüttenshuttle in Anspruch nehmen. Das ist allerdings nicht umsonst!

Keine klebt besser

Wie ein Schneeball, der auf ein Stück Fels geworfen wurde und dort hängen geblieben ist, trotzt die über den Abgrund ragende Dolomitenhütte (1616 m) den Gesetzen der Schwerkraft. Das Stück Fels mit dem enormen Ausblick hatte schon Josef Amort, in den 1930er-Jahren Hüttenwirt der Karlsbader Hütte, fasziniert. Oft ist er hierhergekommen, um von seinem »Lieblingsplatz« aus der Sonne beim Untergehen zuzusehen. 1936 beschloss er, hier eine Hütte zu errichten. 1989 wurde diese von Hans Wibmer übernommen und renoviert.

2007 übernahmen Scarlett und Juraj Oles die Geschicke auf der Hütte. Verpflegt wird hier oben mit bester Osttiroler Hausmannskost. Absolutes *must-eat* sind die von Scarlett handgemachten Osttiroler Schlipfkrapfen. Diese sind heiß begehrt und so gut, dass sie auch in ausgekühltem Zustand noch munden. Das Geschmackserlebnis hat natürlich was mit den Herstellungskünsten zu tun. Bis zu 1000 Stück der geschmackvollen Teiggebilde rollt Scarlett in einer Woche. Besser macht das keine.

Daten & Fakten zur Tour

Ausgangspunkt
Parkplatz Kreithof (1040 m)

Anfahrt
Über die B 108 und den Felbertauerntunnel oder über die A 10/B 100 und Spittal an der Drau nach Lienz. Weiter über die Tristacher Straße bis zum Kreithof.

Aufstieg und Abfahrt
Vom Ausgangspunkt entlang der präparierten Piste erst steil und dann am Ende flach über die Rodelbahn bis zu deren Ende. Danach noch 400 Meter weiter bis zur Dolomitenhütte (1616 m). Von dort auf der Forststraße in Richtung Laserz gehen. Nach 300 Metern biegt man bei einem Wegweiser nach Osten ab und erreicht über eine steile Wiese die Weißsteinalm (1740 m). In südöstlicher Richtung weiter bis zu einer großen Kuppe mit einer prägnanten Lärche. Entlang des kupierten Geländes marschiert man weiter und geht ab circa 1880 Metern rechts des Waldkamms weiter – der Verlauf durch die Bäume ergibt sich von selbst. Schließlich erreicht man die baumfreie Kuppe des Auerlings. Abfahrt wie Aufstieg.

Weitere Tour in der Umgebung
→ Karlsbader Hütte (2261 m)

Das scheue Tal

Lage
Karnische Alpen

Gipfel
Obergailer Berg (1674 m)

Einkehr
hepi Lodge

Anforderung im Aufstieg
580 Hm, 2 h

Kondition ●○○○○
Technik ●○○○○
Gesamt ●○○○○

Obergailer Berg ↗ 1674 m

Das Lesachtal in Kärnten war schon immer ein entlegener Ort. Erst 1970 wurde die Gemeinde an das österreichische Stromnetz angeschlossen. Die Lampen leuchten mittlerweile hell, doch das Rampenlicht hat das Tal, das sich parallel zur italienischen Grenze zwischen Gailtaler Alpen und Karnischen Alpen in aller Unauffälligkeit dahinschlängelt, bis heute nicht erreicht.

nach Süden
Obergailer Berg

Begleiterscheinungen, wie sie der moderne Wintersport oft mit sich bringt, kennt man im Lesachtal nur vom Hörensagen. Staus und volle Parkplätze sind hier Fehlanzeige, dafür ist das scheue Tal bis heute eine Enklave der Ruhe und Entspanntheit geblieben. Hat es im Zuge einer mächtigen Südströmung mal wieder frisch geschneit, dann findet man im Lesachtal nicht nur eine Menge Schnee. Wenn man die Ohren spitzt und die Luft anhält, kann man hier die Stille selbst hören. Es ist ein Knistern, als würden Millionen Nadelspitzen auf Millionen Nadelspitzen spazieren gehen.

Fast zu viel des Guten

Massive Schneefälle sind im Lesachtal keine Seltenheit und dass ein Winter die Zehn-Meter-Marke anpeilt, ist in den letzten Jahren schon öfter passiert. Im Winter 2013/14 erreichte die akkumulierte Schneemenge in Kartitsch unglaubliche 14 Meter. Manchmal fällt sogar so viel Schnee vom Himmel, dass die Meteorologen davor warnen müssen. Für einen spontanen Besuch ist es dann zu spät. Wegen der lawinenbedingten Sperre der kurvigen Bergstraße ist das Lesachtal dann vorläufig nicht erreichbar. Wer allerdings schon dort ist, hat schneetechnisch den Jackpot abgeräumt und ein Winterwunderland für sich, wie man es nur von Omas alten Postkarten kennt. Wenn wegen viel Neuschnee das freie Gelände tabu ist, dann ist der Obergailer Berg (1674 m) mit seinen moderat steilen Tree-Runs das ideale Ziel.

Die ersten Meter geht es zwischen mannshohen Schneewällen auf der Straße entlang, bis man zu einem Schranken gelangt, hinter dem die Forststraße Richtung Hurdenhütte beginnt. Normalerweise zumindest, denn bei Neuschnee sind alle Anzeichen einer Straße und auch der Wegweiser wie verschluckt. Dann pflügt man sich Kehre um Kehre höher und lässt die offensichtlichen Abkürzer, die bei weniger Schnee infrage kämen, lieber aus. Die Spurarbeit ist auch so anstrengend genug.

Zweimal ist besser als einmal

Oben am Obergailer Berg (1674 m) ginge es noch eine Viertelstunde flach zur Hurdenhütte weiter. Diese Minuten kann man aber weitaus besser investieren – und zwar in die Abfahrt, die durch den schütteren Wald mit seinen vielen Lichtungen führt. Wenn der Schnee bei manchen Schwüngen bis zur Stirne staubt, hat man das Gefühl, dass man nicht in Österreich, sondern irgendwo in Kanada auf den Brettern steht.

Unten angekommen sollte man sich überlegen, ob man es wirklich jetzt schon gut sein lassen soll. Das wäre ja fast schade um die schön ausgetretene Aufstiegsspur, die nur darauf wartet, noch einmal begangen zu werden. Wenn man diese Gedanken schon mal im Kopf hat, gibt es nur eines. Man muss ihnen Folge leisten, um kaum eine halbe Stunde später noch einmal durch den verschneiten Obergailer Berg talwärts zu rauschen.

Eine Lodge, die glücklich macht

So besonders wie das Lesachtal sind auch Helene und Josef aus Obergail. Sie ist eine ehemalige Schlagersängerin und Sozialarbeiterin aus Obergail, er studierter Anthropologe und Bergführer. Vor einigen Jahren erstand das junge Paar ein altes Gasthaus, den ehemaligen »Marferhof«, und baute es mit viel Liebe zu einer gemütlichen Lodge um – der hepi Lodge (der Name ist übrigens eine Kombination der Anfangsbuchstaben von Helene und Pepi). Die Lodge bietet maximal 20 Gästen Platz, hat alles, was man braucht und vieles, was man sich wünschen würde. Gemütliche Zimmer, einen holzbeheizten Jacuzzi, eine Helene, die Spezialitäten aus der Region kocht, und einen Pepi, der die Berge rundum kennt, wie seine Hosentasche. Die Atmosphäre ist dank Helene und Pepi einzigartig und auch der Grund, warum man in der hepi Logde sofort happy ist.

Daten & Fakten zur Tour

Ausgangspunkt
Weiler Plasegge

Anfahrt
Von Kötschach-Mauthen über die B 111 in westlicher Richtung bis zur Ortschaft Liesing und kurz danach Richtung Obergail. In Obergail bei einer Gabelung rechts zu den obersten Höfen. Am Straßenrand beziehungsweise in den geräumten Bereichen parken. Von Lienz/Osttirol in Tassenbach Richtung Obertilliach/Maria Luggau abbiegen und nach der Ortschaft St. Lorenzen rechts Richtung Obergail.

Aufstieg und Abfahrt
Vom Weiler Plasegge zunächst circa einen Kilometer auf der Forststraße Richtung Obergailer Berg. Bei einer ebenen Fläche im Wald erst gen Westen und dann bei einem Wegschild auf einen alten Hohlweg Richtung Süden bis man wieder auf die Forststraße kommt. Nach der zweiten Serpentine bei einer kleinen Heuhütte links bergauf ins offene und etwas steilere Gelände. Am breiten Rücken dann bis zur Hochfläche des Obergailer Berges (1674 m). Die Abfahrt erfolgt im Spurbereich durch den lichten Wald.

Weitere Touren in der Umgebung
→ Schönjöchl (2294 m)
→ Mittagskofel (2251 m)

Anhang

Dem Genuss auf der Spur
Anhang

268

Über den Autor

Mitwirkende

Flo Scheimpflug

Als Kletterer hat Flo Scheimpflug die ganze Welt bereist. Der Schnee hat es ihm aber mindestens genauso angetan. Seit 2017 lebt der gebürtige Wiener in Salzburg, arbeitet als freier Journalist und steckt mitten in der Bergführer-Ausbildung. Von 2008–2021 war er Chefredakteur des österreichischen Kletter-Magazins *Climax*.

Eva Walkner
→ Schlenken, Seite 20

Anna Friedl
→ Großer Höllkogel, Seite 30
→ Hoher Kalmberg, Seite 36
→ Simonyhütte, Seite 40
→ Spirzinger, Seite 86

Christoph Loidl
→ Hochanger, Seite 50

Uwe Grinzinger
→ Hahnbalzköpfl, Seite 72
→ Sillingkopf, Seite 230

Felix Gottwald
→ Hochwurzen, Seite 96

Marlies Czerny
→ Steinerspitz, Seite 114
→ Rote Wand, Seite 118
→ Rund ums Karleck, Seite 122

Christina Geyer
→ Kleiner Bösenstein, Seite 128
→ Kreuzkarschneid, Seite 132
→ Lahngangkogel, Seite 138
→ Großbodenspitz, Seite 144
→ Blaseneck, Seite 150

Angy Eiter
→ Vorderes Alpjoch, Seite 206

Bildnachweis

Lena Widmann
→ Seite 6, 12–14, 17, 30–35, 40–49

Stefan Leitner
→ Seite 10, 138–141, 143–145, 149, 152–157, 159, 268

Heiko Mandl
→ Seite 20–23

Flo Scheimpflug
→ Seite 24–27, 29, 76–82, 85, 104–106, 108–110, 181, 183, 188–193, 195–197, 218, 219, 223–225, 264–267

Patrick Sellier
→ Seite 28

Anna Friedl
→ Seite 36, 38, 39

Rudolf Widmar / wizis Bergwelt
→ Seite 37

Helmut König
→ Seite 50, 52, 53 (oben)

Evelyn Loidl
→ Seite 51

Berghasen
→ Seite 53 (unten)

Christian Wurzer
→ Seite 54, 55, 57

Gerhard Müller
→ Seite 56

Markus Frühmann
→ Seite 58–60, 63, 172–175, 177, 234, 235, 237, 240–243, 245–248, 250–253

Dieter Brasch / Gusto / picturedesk.com
→ Seite 62

Thomas Weissbacher
→ Seite 64, 65

Nikolaus Faistauer
→ Seite 67

Wolfgang Rohrmoser / bergwolf.at
→ Seite 68–70

Peter Rieß
→ Seite 71

Uwe Grinzinger
→ Seite 72–75, 230–233

Familie Prommegger
→ Seite 84

Matthias Fritzenwallner
→ Seite 86, 88/89, 90, 91

Harald Pfabigan
→ Seite 87

Franz Gfrerer
→ Seite 92, 93, 95

Mathäus Gartner / Schladming-Dachstein
→ Seite 96

René Eduard Perhab
→ Seite 97, 98

Martin Huber / Photo Austria
→ Seite 99